孩子，
你为什么要
努力

子尧 ◎ 编著

台海出版社

图书在版编目（CIP）数据

孩子，你为什么要努力 / 子尧编著 . -- 北京：台
海出版社 , 2024.2

ISBN 978-7-5168-3806-8

Ⅰ . ①孩… Ⅱ . ①子… Ⅲ . ①家庭教育 Ⅳ . ① G78

中国国家版本馆 CIP 数据核字 (2024) 第 022863 号

孩子，你为什么要努力

编　　著：子　尧

出 版 人：蔡　旭　　　　　　　策划编辑：刘慧滢
责任编辑：姚红梅　　　　　　　封面设计：韩海静

出版发行：台海出版社
地　　址：北京市东城区景山东街 20 号　邮政编码：100009
电　　话：010-64041652（发行，邮购）
传　　真：010-84045799（总编室）
网　　址：www.taimeng.org.cn/thcbs/default.htm
E-m ail：thcbs@126.com

经　　销：全国各地新华书店
印　　刷：唐山玺鸣印务有限公司
本书如有破损、缺页、装订错误，请与本社联系调换

开　　本：710 毫米 ×1000 毫米　　1/16
字　　数：115 千字　　　　　　　印　　张：10.5
版　　次：2024 年 2 月第 1 版　　印　　次：2024 年 2 月第 1 次印刷
书　　号：ISBN 978-7-5168-3806-8

定　　价：59.00 元

前言

　　小朋友，你知道努力的意义是什么吗？

　　也许你会说，为了取得好成绩，为了获得老师和父母的赞美，为了让别人对你高看一眼……可能你还没完全明白，努力不是给别人看的，而是为了不辜负自己。

　　一个人的成长，就是通过努力体验百味人生的过程。就像学习滑冰一样，你下冰场的目的是学会滑冰，并成为冰场上一道美丽的风景线，而非什么都不做地待着。人生也是如此，在只有一次的生命里，如果不努力做点什么，生活就会缺少滋味，生命也缺少价值感。

　　这个世界上没有不经过努力就获得的幸运，也没有不经历拼搏就能取得的成功。每一个幸运的现在，都有一个努力的曾经。

　　努力是打开困扰成长问题的钥匙，让你拥有更多选择的权利，长大后能选择有意义、有价值的工作，而不是被迫谋生；努力培养良好的习惯和品质，会让你成长为一个有魅力、有影响力的人，获得他人的尊重和认可；努力提升个人技能和知识，会让你更优秀，更具有竞争力，为社会创造出更多的价值……这些都是努力的意义。

本书以"为什么要努力"为原点，通过讲故事的方式，全面阐述努力的意义和方法。在一个个有趣而富有哲理的成长故事中，你可能会找到曾经让自己困扰、彷徨和疑虑的答案，很多成长的烦恼也迎刃而解。通过有趣的漫画，希望你在开心一笑中领悟到其中的深意。在每一节的结尾，还附有成长建议，是结合了很多教育学、心理学的实际案例而设。不妨照着做一做，会给你的成长带来切实的帮助。

孩子，现在跟随本书，努力让自己变得更优秀、更出色吧！祝你活出属于自己的美好，创造属于自己的快乐，收获属于自己的幸福！

目 录

第五章　用努力优化自己的成长环境

第六章　强大心智，给身心
　　　找一个栖息之地

第一章

问问自己
在为谁努力

见证一个不可思议的自己

导语

　　小朋友，你好！在你的成长中，是不是遇到过这样那样的烦恼？比如学习时遇到解不开的难题，运动时无法完成目标，或者总希望表现出最好的自己，可是有时候根本做不到，便因此感到沮丧？

　　其实，这些困扰就像一把锁，而努力恰恰是打开这把锁的钥匙。当你试着付出更多努力后，你会发现，很多难题都会迎刃而解。只是有时需要付出的努力多一些，有时需要付出的努力少一些。

　　努力是一种奇妙的力量，只要足够努力，不轻言放弃，最终都可能梦想成真。你也会在努力的过程中，成为那个不可思议的自己。

　　小朋友，你知道最不可思议的事情是什么吗？其实是一个新生命的诞生和成长。试想，你从一个呱呱坠地只会哭的婴儿，成长为一个认识很多汉字、会说很多句子的少年，这个过程你付出了多大的努力。成长是一种蜕变，是一件非常不可思议的事情，而努力至关重要。

　　这是小迪小朋友的成长故事。他很喜欢画画，除了周末到辅导班学习绘画以外，每天写完作业后也会练习画画。今天，老师让大家回家后画一幅以"猫"为主题的画，表现出色的可以参加校内绘画大赛。所以小迪写完家庭作业后，就一直坐在书桌前认真画。

　　但是，他画了好几幅，都觉得不满意，特别是猫的胡须，他总也画不好。为此他非常懊恼。半小时过去了，小迪逐渐冷静下来，他不想半途而废，还是想拿自己最满意的作品参加绘画大赛。

　　怎样才能画好猫的胡须呢？他突然想到，妈妈曾经给他买过一本关于动物绘画的书，他赶紧找出来参考其中的画法。经过不断练习，终于画出了一幅让自己满意的画。在把画交给老师的那一刻，他的脸上露出了开心的笑容。

老师问小迪，如果没有得奖会不会伤心？小迪说不会，因为在绘画的过程中，他已经全力以赴了，努力的过程让他感到快乐。他不仅提高了绘画技巧，自己也更加自信了，这也许就是努力的意义吧。

除了成长的烦恼，人生还会遇到很多困难，甚至是灾难，这时努力的意义就更加重要了。世界上有很多伟大的人物，他们都经历过人生的至暗时刻，面对困难时他们选择了不屈不挠的努力，所以他们才取得了伟大的成就。

贝多芬是一位伟大的作曲家，创作了很多脍炙人口的音乐作品。但命运却跟他开了个玩笑，让他早早地失去了听力。对于一个作曲家来说，这无疑是毁灭性的打击。

然而，他并没有放弃，而是以惊人的毅力坚持创作，把内心的音乐灵感转化为乐谱。他的音乐打动了无数人的心灵，成了永恒的经典。

著名的物理学家史蒂芬·霍金，在年轻的时候被诊断出患有肌肉萎缩性侧索硬化症，这是一种罕见的神经系统疾病，会导致他的身体逐渐瘫痪。

尽管身体瘫痪了，但他没有放弃对宇宙的探索和对科学的追求。他借助电脑辅助技术和语音合成器，继续进行科学研究和探索，在黑洞和宇宙起源等领域，做出了突出的贡献。

贝多芬和霍金的人生经历，告诉我们一个道理：面对困难、挑战和磨难，只要坚持努力，就能超越极限，创造出难以置信的奇迹。

孩子，你为什么要努力？因为通过努力，你将见证一个不可思议的自己，你将拥有无限的潜力和可能性。只要相信自己，并勇敢地面对挑战，每一次努力都是一次成长的机会。

爱因斯坦曾经说过："在天才和勤奋之间，我会毫不迟疑地选择勤奋，它几乎是世界上一切成就的催生婆。"天上绝不会掉馅饼。努力才是成功的开端，只有一直努力下去，成功才会向你招手。

通过努力，你可以超越自己，实现更大的梦想。中国古代著名的思想家、教育家孔子，通过自己的努力和学习，成了中国古代最重要的思想家之一，他的思想对后世几千年都有深远的影响。鲁迅通过自己的勤奋和努力，成了中国现代文学的奠基人之一。这么多名人的故事告诉我们：努力，让你的未来拥有无限的可能性。

成长课堂

＊制定明确的目标，将目标分解成一个个小目标。每天朝着目标前进一小步，积累起来就是很大的进步。

＊遇到困难不要轻言放弃，把时间和精力用在积极寻找解决问题的办法上，会离目标越来越近。

＊不断学习新知识，提升自己的能力，拓宽自己的视野。

努力的每一天，
人生传记上的每一页

导语

　　小朋友，你知道吗？人的一生是很短暂的，假如一个人能够活到 100 岁，一生也不过 36500 天。对于浩瀚宇宙而言，就如同一颗稍纵即逝的流星。

　　如此短暂的一生，该如何度过呢？人终其一生是一个努力实现自我价值的过程，人生的价值不在于你拥有什么，而在于你做了什么。

　　古往今来能够名垂青史的人，都是通过努力为人类做出贡献的人。比如，著有《史记》的司马迁、改进造纸术的蔡伦、发明活字印刷术的毕昇等，他们赋予了人生更多的意义，同时又通过自己的努力丰富着自己的人生传记。

　　古今中外有很多伟大的人物，他们能够取得成功，是因为他们一直很努力，总是全身心投入去做一件事，而且永不放弃。

　　尼尔·奥尔登·阿姆斯特朗是美国的航天员，也是第一个登上月球的人。他小时候就对飞机模型非常感兴趣，想要成为开飞机的人，长大后他通过努力取得了飞行员的资格。

实现理想的道路并不平坦，通过不断的努力读书和坚持，他终于实现了自己想要成为航天员的梦想。而在成为航天员的过程中，他经历了无数次考验和挑战。一次，在飞行训练期间，他的飞船在空中发生了故障，他的同伴感到非常惊慌，但他镇定自若，从容应对，最终飞船恢复了稳定。

后来，阿姆斯特朗还成了首次成功登月的"阿波罗 11 号"的成员之一。1969 年 7 月 20 日，"阿波罗 11 号"宇宙飞船成功登上了月球。当阿姆斯特朗踏上月球的那一刻，他说出了那句名言："这是一个人的一

小步，却是人类的一大步！"人类首次登月，不仅仅是阿姆斯特朗个人的成就，更是整个人类探索太空的里程碑。

阿姆斯特朗通过自己的努力，实现了他儿时看似不可能实现的梦想。在努力和奋斗的道路上，没有什么是不可能的。你想在自己的人生传记上写什么，就去努力追求什么。只要付出足够多的努力并坚持下去，就一定能给自己的人生留下浓墨重彩的一笔。

中国古代著名的历史学家司马迁，是一个有强烈使命感的人，尽管他有过悲惨的经历，但他仍然坚持写作。

司马迁年轻时，立志成为一名杰出的历史学家。他孜孜不倦地研究历史文献，广泛阅读各类典籍。然而天意弄人，司马迁因在李陵案中为李陵仗义执言而入狱。在监狱里，司马迁度过了极其漫长而艰苦的岁月。他还被施以耻辱的宫刑，遭受着身体和精神的双重折磨。但他并没有动摇信念。

司马迁坚持撰写《史记》，他曾用简陋的竹编笔在监狱墙壁上写字，以自己亲身经历为素材，结合史书和口述记录，努力还原历史的真相。后来，他重获自由，回到家乡将自己对历史的研究和所获得的材料整理成了《史记》。

无论遭遇什么样的困境和挫折，司马迁都能不屈不挠坚持到底，将困境转化为动力，在逆境中成就自己的梦想。

再来听听居里夫人的故事。居里夫人是 19 世纪末 20 世纪初少数的女科学家之一。因为一生创造、发展了放射科学，她成为历史上唯一获得两次诺贝尔奖的人，也是第一个获得这一殊荣的女性。在她的人生传记里，这是最值得记录的一页。

当时，女科学家面临着巨大的性别歧视和研究困难，她的实验条件非常艰苦，实验设施简陋，仪器设备有限，在放射性研究中存在健康和安全的风险。但她坚持科学研究，发现了新的元素和化合物，成为诺贝尔奖的首位双料获得者。

如果把人的一生比喻成一本书，那么每个人每一天的努力，实际上都是在书写着属于自己的人生传记。未来是由自己创造的，你的人生传记是精彩还是平凡，完全由自己来决定。只要坚持梦想并为之努力奋斗，相信你的人生传记终会因努力而熠熠生辉。

* 完成好当前的学业，它是实现梦想的基石，也是打开理想大门的敲门砖。

* 人生目标不能太多。人的精力有限，目标太多，可能一个都实现不了。

起跑的差距，我们用努力超越

导语

　　小朋友，你有没有羡慕过身边的某个同学或朋友。羡慕他有很多玩具，学习优秀，有漂亮衣服，多才多艺，人缘好……不可否认，有些人在起跑时就有领先优势。

　　可能你会说，自己一出生就输在了起跑线上，这不公平！这世界上没有绝对的公平，他含着金钥匙出生，却可能经历着没有自由的枯燥生活；你看似一无所有，却在爱和自由中长大。每个人的人生剧本不同，各有各的精彩。

　　有价值的人生，无论起点如何，无论是否经历过百转千回，最终都会到达理想的最高点。所以，起跑的差距，我们可以用努力来超越！

　　每个人的一生都有三个点，一个是起点，一个是高点，还有一个是终点，这三个点共同构成了我们的人生曲线。而人生的起点与高点之间的距离，丈量着你人生的高度，也证明了你一生努力的程度。

　　起点不由我们做主。有的人出生时，就已经赢在了起跑线上，人的一生能否站在自己理想的最高点上，完全由自己的努力程度来决定。

曾经有一档综艺节目，把"起跑的差距，我们用努力超越"这句话诠释得淋漓尽致。节目中有一个奔跑实验，几十名中学生被安排在同一条起跑线上赛跑，只有前 10 名可以得到礼物。

节目一开始，由明星嘉宾对学生们提出问题。学生给出的答案如果是肯定的，就可以向前跨六步。一共六个问题，如果学生的答案都是肯定的，就可以向前跨出三十六步。

而这六个问题是有关父母和家庭条件的，比如：你的父母接受过大学以上教育吗？父母曾承诺让你出国留学吗？……问完六个问题后，有些学生已经向前走了很多步，而有的学生还留在原地。人生还没有起

跑，差距就已经展露无遗。

这个世界上没有绝对的公平，有些人努力一辈子都无法达到他人的起点。我们要做的不是怨天尤人，而是看到起点的差距时，通过不懈努力去缩小差距、靠近理想。尽管在这个过程中，可能会经历失败、挫折和自我怀疑，但要时刻提醒自己，正向看待这些感受。当突破这些挑战的时候，就离理想又近了一步。

球王贝利出生在巴西，他从小热爱足球运动。可因为家境贫寒，没有钱给他买足球。贝利的父亲是一位因伤退役的足球运动员，为了鼓励儿子对足球的热爱，他用大号袜子、破布和旧报纸，自制了一个"足球"送给儿子。从此，贝利常常在家门前坑坑洼洼的街面上光着脚训练。可即便条件如此艰苦，贝利对足球的热情却有增无减。不管是严冬还是酷暑，依然坚持训练。

在日复一日的磨炼中，贝利的球技越来越好，有越来越多的人知道了他的名字。他以魔术般的足球天赋和勤奋的品格，被誉为 20 世纪最佳运动员之一。

无论我们的起点如何，只要有热爱和追求，任何困难都可以克服。不要把外界的困难看得过于严重，认为是外界的困难阻碍了自己实现理想。除了自己的恐惧，没有什么能真正阻碍你。

胡雪岩是清朝末年的商人和慈善家，也是中国近代商业界的杰出代表之一。他出身贫寒，自小就体验了贫困的生活的他，渴望通过努力改变人生。他从最底层的杂役做起，吃尽了苦头，而后，胡雪岩遇到了他的第一个贵人。在杭州，有一位姓于的钱庄掌柜，看胡雪岩聪明刻苦，而自己没有子嗣，于是将胡雪岩认作义子，开始教授他经商之道，于掌柜在临死前，将家产悉数留给了胡雪岩。胡雪岩靠着于掌柜留下的这份基业，将钱庄越做越大。

之后，胡雪岩的事业一路势如破竹，得到了浙江各大票号、药行的代理权，成了浙江说一不二的"红顶商人"。胡雪岩在成为富甲一方的赢家之后，还抱着"做生意赚了钱，要多做好事"的思想，善于赈济与助人。他乐善好施，成了一位备受尊敬的商业家和慈善家。

胡雪岩出身贫穷，起点很低，但是他凭着努力实现了跨越，取得了非凡的成就。对于努力的人来说，贫穷就是一所学校，它可以让贫穷变成财富。所以无论你的起点如何，努力就能超越。

有的人出生就一无所有，有的人出生就在罗马，这世界上本就没有绝对的公平，无论什么样的起点都有其两面性，贫穷可以是一所学校，也可以是一把黄连；财富可以是成长的阶梯，也可以是懒惰的摇篮。

无论起点如何，你的人生都是独一无二的存在，相信自己可以通过努力绽放出独一无二的绚丽。

成长课堂

*不要过于关注差距，尤其是物质上的差距，那是父辈的努力成果，过分在意这些，只会让你变得狭隘。

*学习同伴优秀的品质，用努力变得和他们一样优秀，甚至超越他们。

努力！才能按自己的心意过一生

导语

小朋友，你有没有想过这样的问题，努力的价值是什么？考上理想的大学？过上理想的生活？那么，什么才是理想的生活呢？作家毛姆说过："世界上最大的成功，就是按照自己喜欢的方式过一生。"

如果你的理想是成为企业家，那就要努力学习赚钱的能力；如果你想成为科学家，那就要努力学习科学知识；如果你想成为舞文弄墨的文学家，那就要努力练习写作。

如果你现在对未来还有些茫然，那么可以先努力学习，知识会带你进入斑斓的世界，会帮你找到自己的理想和喜欢的生活方式。

小朋友，你的理想是什么呢？可能你会说，我的理想就是考上一所好大学。不过放眼人的一生，考上一所理想的大学，可能只是我们人生当中第一个长期目标，但绝对不是终点，也不是我们人生所有的意义和价值。

　　小朋友，你就像早上七八点钟的太阳，你的人生才刚刚开始，有大把的时间追求自己的梦想，当然，在这个过程中，最不能缺的就是你自己的努力。

　　小可是个漂亮的女孩，她性格温和，有礼貌。可她有个问题，就是不爱学习。每天早上，只要一想到要上学，她就有起床气。在学校上课时，只要是她喜欢的课，就认真听讲、积极回答问题；不喜欢的课，她就课上开小差，偷偷画画和折纸。

　　每天放学回家后，第一件事就是看动画片，总是需要妈妈催促三四遍才去写作业。写作业时，一会儿嚷着手酸，一会儿又说口渴，磨磨蹭蹭半天也不愿意动笔。高兴时作业写得很工整，不高兴时就随便写写。

努力，才能按自己的心意过一生！

录取

这天，妈妈看小可又不认真写作业，二话没说就帮她请了假。告诉她既然不喜欢上学，明天开始就不用上学了，自己赚钱生活吧。

听说可以不用上学，小可别提多高兴了。她看楼下有爷爷捡纸盒卖钱，决定自己也捡纸盒。小可的妈妈没有反对，第二天就陪她一起去。垃圾桶又脏又臭，两个人累得腰酸背痛，辛苦一上午才捡了十几个盒子，卖了几块钱，连个汉堡都买不起。小可终于明白赚钱有多不容易了。她决定好好上学。

你想要怎样生活，完全由你自己决定。时间对于每个人都是公平的，努力程度不同，就会绘制出完全不同的人生轨迹。

有一部非常优秀的纪录片，叫作《富哥哥，穷弟弟》，他们用真实的人生故事，讲述了在同一个家庭长大的兄弟俩，却有着截然不同的两种人生：一个富可敌国，一个居无定所。

弟弟曾经是大学里的风云人物，但是他性格懒散，时间观念淡薄，做事没有规划，不分轻重缓急。他有才能和优点，却没有利用好。

他做事很容易放弃，做汽车修理学徒，还剩一个月就能毕业，却选择了放弃；他没有理财观念，只能住在一辆房车里；他做事缺少责任心，总是让哥哥帮他收拾烂摊子；他总是希望哥哥授之以鱼，而不是授之以渔。他把哥哥对他的付出视为理所当然，而且他身边总是围绕一些负能量的朋友。

而哥哥性格温和，喜欢骑马，喜欢养小动物，还经常收藏艺术品。他的内心有强烈地想要成功的欲望，在 21 岁就赚到了人生的第一桶金。他没有止步于自己的小小成就，而是更加努力地实现财务自由。他说：

"我从小并不聪明，却非常勤奋，所谓的人生捷径就是付出比别人更多的努力。"

哥哥经常默默地为弟弟付出，借钱给弟弟去创业，为弟弟的巨额医药费买单，替他偿还债务。他为弟弟提供最好的支持，但弟弟却依旧一事无成，生活窘迫。

所以，就算有再好的资源，如果自身不努力，别人也无可奈何。没有人生目标的人，即使给他一艘好船，也不一定能够顺利地到达终点。

人要想获得成功就要认清自己的目标，再通过努力去实现目标。机会不是等来的，而是通过努力创造出来的。上面的故事中，弟弟羡慕哥哥的生活，期待像哥哥那样被人尊重，但失败的人生不可能得到尊重，一个不上进的人更不可能按自己的心意过一生。

复旦大学生命科学学院教授钟扬，是国内植物学领域的领军人物。为了收集高原种子，他带领团队在西藏艰苦跋涉50多万公里，最高攀登到海拔6000多米，克服了极端严寒、高原反应等各种困难。他和他的团队收集了上千种植物的4000万颗种子，帮助西藏大学建成一支能够参与国际竞争的植物学研究团队。

成绩背后，是他超乎常人的坚持和勤奋。他曾说自己做科研有"新四像"精神：像狗一样有着灵敏的嗅觉，能够把握前沿；像兔子一样迅速，可以立即行动；像猪一样心态放松，不畏惧失败；最后也是最重要的一点，像牛一样勤劳，坚持不懈。

钟扬把自己活成了一颗追梦的"种子"。在追寻理想的路上，无论面临多大的困难和挑战，只要保持好奇心和坚持不懈的努力，就能够在社会发展中发挥重要的作用。

在日常的学习生活中，你可能也经常会面临各种学习的压力和挑战，有时也会迷失在成年人的期许和眼光中。其实，你的努力不只是为了眼前的考试成绩，更是为了将来有能力走进更加精彩的世界。

不要被外在的物质欲望所裹挟，不要被短期的快乐所影响，要追求人生的价值。只有找到真正热爱的事情，坚持不懈地努力，不断前行，才能拥有走进精彩世界的能力。

 成长课堂

* 尝试参加不同的活动，发现自己真正感兴趣的事情，通过尝试和探索发现自己的热情所在，并且为之努力。

* 学习是成长的关键，努力培养好奇心，发展自己的学习技能，不断提升自己，未来才能按自己的心意过好这一生。

努力！让你拥有回报父母的能力

导语

　　从你来到这世界的第一声啼哭，到开始牙牙学语，到第一次学会走路，再到长大背上行囊一点点远离父母……父母一直用爱伴随你成长，这份爱不会因你长大而消逝。

　　有一位名人说过："父母的爱是一种无私的、永不止息的力量，它可以改变一个孩子的一生。"父母总是习惯性地担心你，忍不住一遍遍地提醒你，可能你觉得他们太唠叨了，其实这都是他们爱你的方式。

　　对于父母而言，最大的快乐莫过于看到孩子幸福的成长。而一个人最幸福的事情，就是通过努力实现自己的理想。这是你爱自己最好的方式，也是你爱父母最好的方式。

　　父母的爱是一种无条件且不计付出的奉献。父母是将你带到这个世界上的人，他们孕育了你的生命，让你有机会看到这个多彩的世界。尽管他们有时做得并不完美，但他们一定尽自己所能把最好的给你。

懂得爱父母的人，通常坏不到哪里去。能在内心感恩父母付出的孩子，通常也会在学业和事业上更加卓越。

爱父母不一定是对父母的话言听计从，而是尽自己所能去关心父母，具备回报父母的能力，让他们生活得更幸福。

有这样一个故事：有一位母亲和儿子一起生活。母亲很娇惯儿子，儿子每天衣来伸手、饭来张口，以至于到了 17 岁，依然不会自己吃饭，饿了就喊："妈，我饿了，我要吃饭。"

有一天，外婆生了重病，母亲不得不离家一段时间去照顾老人。儿子已经 17 岁了，这个年纪可以独自在家了。但是母亲却不放心，她怕儿子不能按时吃饭，于是临出门前就烙了一张巨大无比的饼。母亲在大饼中间挖了个孔，套在儿子的脖子上。儿子饿了时，只要低头咬一口就可以了。

过了一阵子，母亲终于回家了，万万没想到，当她回家后，发现儿子已然饿死了。套在他脖子上的饼还在，只是儿子嘴巴下方那一块的饼被咬光了，其他地方的饼还好好的。原来儿子连转转脖子吃饼的能力都没有。又或许他压根没想过要转饼，所以才被活活饿死。

虽然这只是个传说，但其中的道理却十分朴素。一个连自理都做不到的孩子，不仅没有回报父母的能力，甚至连养活自己的能力都没有。

现在有太多在溺爱中长大的孩子，他们学习嫌累，生活嫌苦，这样的人成年以后如何在激烈的社会竞争中立足呢？又怎么回报父母呢？所以，今天的每一分努力，不只是为了将来有回报父母的能力，更是为了

将来自己有生存的保障。

有这样一个年轻人，上学时不认真读书，高考落榜，早早步入了社会。因为没有学历，也没有一技之长，所以他找不到理想的工作。他的父母托人为他安排了一份工作，可是他对待工作总是不上心，经常请假。工资本就不多，再扣除请假的工资，以至于他工作多年，竟然一分钱都没存下来。

直到他的母亲因病住进重症监护室，面对每天如流水一般的花费，他彻底懵了。在花光了父母的积蓄之后，他开始四处求人借钱。也就是那段经历，让他明白了赚钱的重要性。渡过难关之后，他不仅开始认真对待本职工作，而且一有时间就做兼职，努力赚更多的钱。因为他知道："努力，可以让一个人变得成功和富有。那样，在父母生病的时候，才能够少受一些苦。"

俗话说："明天和意外，我们不知道哪一个会先到来。"随着你一天天长大，父母也在一天天变老，不知道哪一天很可能会生病。

只有凭借努力为自己打造一副厚厚的盔甲，在父母需要帮忙的时候，你才能够挺身而出，不会因能力不足而留下一生的遗憾。

"父母之爱子，则为之计深远"，父母对子女深爱，他们才会为子女的未来做出长远的规划和安排。反过来，你爱父母、想回报父母也应该从长远打算。最好的方式就是努力成长、认真读书，拥有立足于社会的本事，这样才能让父母过上幸福的生活。

成长课堂

*每天写一句夸自己的话，并大声读出来，从内心对自己形成积极的信念和期待，必然会带来一个积极的结果。

*每天帮父母做一点家务，安排好自己的学习和生活，能够照顾好自己，你会变得更优秀。

第二章

别在该努力的年华太过安逸

输不丢人，怕才丢人

导语

　　小朋友，你如何看待失败呢？考试中没有考出理想的成绩，拔河比赛中没有得奖……当你面对这些所谓的"失败"时，是不是又气又恼？其实，失败只是世俗的定义，所谓失败不过是通往成功的其中一步而已！

　　在成长的过程中，父母和老师都会教导我们做个成功者、胜利者，所以我们认为失败是丢人的、可怕的。而真正成功的人都知道，成长就是要经历失败，没有失败就无法成功。

　　当你面临失败时，要像爱迪生那样，秉持"我没有失败过，我只是找到一万种行不通的方法"的信念，在失败中吸取经验教训，坚持追求梦想，这才是真正的成功之道。

　　失败并不是终点，它只是你前进路上的一个必经的过程。所谓失败，其实就是一个新的起点，不到最后都不算真正的失败。真正的失败是失败之后，再也没有勇气再来一次，将这次失败直接拉到了终点，这才是人生最大的遗憾。

爱迪生是伟大的发明家，他在童年时期就展现出了非凡的才华和求知欲。他非常喜欢阅读，对各种知识充满好奇，喜欢探索自然科学，喜欢在家中的小工具间里进行各种实验。

爱迪生发明了电灯，为此爱迪生进行了大量的试验。他先后使用了不同的材料，想从中找到一种能够持续发光的材料。他进行了广泛的实验，试验不同的金属和合金，但都没有达到预期的效果。然而，他没有放弃，他开始研究碳丝，发现碳丝可以发光并持续一段时间。

于是爱迪生开始研究怎样才能让碳丝发光。他在实验中发现电流可以让碳丝发光，但是电流过大会烧断碳丝。为了解决这个问题，他开始研究如何控制电流的大小。于是他发明了一种叫"电灯泡"的装置，可以控制电流的大小，使碳丝持续发光而不会断裂。

经过长时间的实验和不懈努力，爱迪生最终成功地发明了第一款商

失败是成功的垫脚石，不踩着失败，如何迈向成功？

业化的电灯。

爱迪生电灯的发明标志着照明技术的重大突破。这项发明彻底改变了人类的照明方式，取代了过去使用明火或油灯的传统方式。

失败经常被认为是可耻丢脸的事情，所以我们不愿意面对失败，希望自己永远不会失败。而事实是所有的成功都是以千百次的失败为代价的。爱迪生经历了近万次的失败，才找到可靠的灯丝材料，解决了电流大小控制、灯泡密封等技术问题，最终才成功地研发出了灯泡。这项发明是科技进步的里程碑，也彻底改变了人类的生活方式。

在一个人的人生中，失败是不可避免的一部分。不只是学习阶段，未来走上社会、开始工作，无论你身处人生哪个阶段都可能会经历失败。只有不惧怕失败，才能瞄准成功的方向。

失败能教会你坚韧和毅力，失败能激发你的潜力和动力。无论你正在经历什么样的失败，只要坚持追求自己的目标，相信自己的能力，最终都能创造出属于自己的辉煌。

成长课堂

* 面对挫折失败时，经常说"我又积累了一点宝贵的经验"。因为失败并非最终的结局，而是你学习和成长的机会。
* 要勇于迎难而上，尝试做那些让自己害怕的事，做过之后你会发现不过如此。

做不得的"三分钟先生"

导语

　　刚开始做一件事时充满热情，但过了一段时间后，兴趣逐渐消退，甚至最终会放弃做这件事，这被称为"三分钟热度"。"三分钟热度"，往往会成为通向成功之路的最大障碍。

　　在一个人的成长过程中，小到拼好一块乐高，大到实现自己的人生理想，成功做好一件事的关键就在于努力和坚持。坚持到底是成功的密码，而放弃则是失败的通行证。

　　要想实现自己的梦想，首先要学会坚持到底，千万不能做"三分钟先生"。成功的道路充满曲折，只有那些坚持下去的人，最终才会到达成功的彼岸。

　　坚持是成功的催化剂，只有那些坚持的人，才能够突破困境，实现自己的梦想。在人的一生中，如果要追求梦想，那么坚持是成功的关键。

　　无论你想申请加入学校足球队，还是想在元旦文艺汇演中跳一支舞，要做好任何一件事，都会遭遇一些困难和挑战。轻言放弃将会一事

成功的关键在于坚持，三分钟热度，什么都学不好。

我不练毛笔字了！我要学画画！

真是个"三分钟先生！"

无成，坚持到底才能走向成功。

古往今来，历史上那些能够名垂青史的人，都曾经历过无数的失败与挫折，但最终他们能够取得成就，就是因为他们拥有坚持不懈的精神，他们不会被困难和挑战打败，而是在失败和困境面前选择坚持到底。

唐朝诗人杜甫，一生经历了许多艰难和挫折，但他始终坚持自己的梦想和诗歌创作，一生都在做写诗这件事，最终成了一代"诗圣"，他的诗歌也成了中国文学史上的经典之作。

杜甫生在一个官宦家庭，自小家庭富裕，受过良好的教育。杜甫本人也才华横溢，对文学和诗歌情有独钟。但是，他的人生充满了波折。

当时的唐朝正面临政治腐败、社会动荡和战乱，杜甫希望能报效国家，却遭贬官，后来，他的家庭也遭遇不幸，幼子没满周岁就夭折了。

接二连三的打击让杜甫痛苦不已，但是他并没有因此而放弃梦想，而是在逆境中继续创作。他一生创作诗歌一千五百多首，千百年来为人们所传诵。他把挫折看作是人生的一部分，并从中找到力量和智慧。其实做任何事情都是如此，只有坚持到底，才能取得真正的成功。

《阿甘正传》是一部充满温情和励志的电影，讲述了一个智商低下、心地善良却坚持不懈的小伙子福瑞斯特·甘的故事。他一出生就遭遇了智商低下、腿部残疾等一系列困境，但他却乐观坚强。

阿甘有着非凡的毅力和坚持到底的精神，无论遇到多少挫折和困难，始终积极乐观，持续努力，总能在困境中找到希望和力量，总能为自己和他人带来积极的影响。

他以橄榄球场上的出色表现，为自己争取到了上大学的机会。大学时他遭遇了种族歧视、社会动荡等问题，但他坚持完成了学业。他在战场上表现出色，结交了很多好朋友。回国后成了百万富翁，通过投资获得了巨额财富。最后，他还收获了美好的爱情和婚姻，有了圆满的人生。

这世界上最难的事是坚持，最容易的事也是坚持。即使被打倒一百次，也要在第一百零一次站起来。

贾思勰是南北朝北魏农学家，他对农业的热爱不是停留在口头上，而是亲自去实践学习和总结。为了掌握养羊的技术，他买了两百只羊亲自养，但是不到一年羊就死了一半。他百思不得其解，就找到一位经验丰富的老羊倌请教。原来是饲料被随便扔在羊圈里，羊在上面又踩又拉屎撒尿，羊不吃这种脏饲料，所以饿死了。贾思勰恍然大悟，之后就虚心向老羊倌学习，从如何做羊圈、如何配种、如何准备饲料等方面，学习了全套的养羊经验。回去他就照着做，取得了不错的效果。后来，贾思勰又陆续走遍全国各地，每到一处就虚心地向当地的老农请教生产经验，并亲自实践总结。经过了大半生的努力坚持，终于写成了《齐民要术》这部农学巨作，这本书至今仍有举足轻重的作用。这正是坚持的力量。

很多时候，半途而废不是因为困难太多、压力太大，而是因为你觉得成功太远。其实再长的路，一步步也能走完；再短的路，不迈开双脚也无法到达。

成长课堂

*先从当下可以做的小事开始，每天坚持做一做，你会发现曾经以为遥不可及的梦想竟然实现了。

*做事不要"三分钟热度"，成功的秘诀就是不管遇到多少困难和挫折，一定都要坚持下去。

再见，拖延症

导语

　　小朋友，你有没有过这样的经历：上学总是磨蹭到差一点迟到，写作业总是磨蹭到睡觉前还没写完，信誓旦旦要做好一件事，结果却一拖再拖……其实，这就是拖延症。

　　拖延症看似是小问题，实际却是成功路上的巨大障碍。它会让学习效率下降，并阻碍成功。林肯说过："要立即行动，不要拖延。"要想有所作为，拖延症绝对要不得。

　　拖延是一种坏习惯，但是可以通过时间管理战胜它，比如合理规划一日时间、每次只做一件事、做任何事都要认真专注等，这些好习惯会帮助你快速成长，早日摆脱拖延的困扰。

　　明朝的钱福写过一首《明日歌》，其中写道："明日复明日，明日何其多。我生待明日，万事成蹉跎。世人苦被明日累，春去秋来老将至……"这首诗劝告世人要珍惜每一天，不要蹉跎光阴。

　　拖延是浪费时间的行为。比如，明明知道不早点写完作业，就要很晚才能睡觉，但仍边写边玩，磨蹭到很晚。

不只是小孩会有拖拉磨蹭的问题，很多成年人也有拖延症，他们也会把要做的工作拖到明天，他们也会因为玩手机而耽误做正事。所以，拖延症普遍存在。

从小的方面说，拖延症会降低一个人学习、工作的效率；从大的方面讲，拖延症会严重阻碍一个人达成任何一个目标，甚至影响一个人一生的发展。拖延症还会对一个人的心理健康造成影响，因为做事拖延时，你会有负罪感，进而陷入自我否定、自我贬低的焦虑中。

小杰拿着作业本坐在书桌前，准备写作业。但他总是沉迷于玩电脑游戏和看电视剧。小杰告诉自己，只要花一点时间玩游戏，然后就能专心写作业了。于是他打开电脑，开始玩他最喜欢的游戏。时间飞逝，不

明日复明日，明日何其多，总是拖到明天，什么事都是一场空。

真不想写作业，明天再写吧！

真不想起床，再睡五分钟。

知不觉中已经过去了两个小时，小杰才意识到他已经沉浸在游戏中很久了。

当他想写作业时，突然想起电视剧剧集更新了，于是匆忙地打开电视，开始看电视剧。剧情引人入胜，小杰不由自主地追了下去。渐渐地，越来越晚，但是他的作业始终没有动笔。当他看完电视剧后，发现时间不多了，他急忙坐回书桌前开始写作业，但是他脑子里还想着电视剧中的情节，完全不知道该从何开始。虽然他很努力思考解题思路，但是他的思绪已经纷乱不堪，无法集中精力写作业。

慢慢地已经到了深夜时分，小杰实在无法坚持下去。拖着疲惫的身体，他只好爬上床，垫起枕头背靠着，继续试着写作业，但是他很快就迷迷糊糊睡着了。

第二天早上，小杰被闹钟吵醒了，但是他并没有马上起床，而是多睡了五分钟。当他睁开眼睛时，就看到了因为自己的拖延而没有完成的作业。他不仅没有完成作业还迟到了，老师为此批评了他，他感到深深的后悔。

小杰知道了拖延给自己造成严重的后果后，下定决心要改掉拖延的习惯。他为自己设定了一个明确的时间表，优先完成作业然后再享受娱乐活动。通过明确的时间表，他摆脱了拖延的困扰，为自己争取到了更多的学习时间。

通过合理安排和分配时间，可以更高效地完成任务，减少拖延的可能性。实践中坚持使用时间表会提供稳定的学习计划，帮助孩子养成良好的学习习惯。

欢欢是一个非常聪明的孩子，但是他有一个非常明显的缺点就是很磨蹭。有一次，欢欢要去参加一个比赛，他为此很兴奋。但是当第二天准备出发时，欢欢却迟迟起不来床。妈妈忍不住催促他，让他快一点，但是欢欢依然是慢吞吞的，动作就像蜗牛一样。妈妈看见后忍不住发起火来："你到底还想不想去参加比赛？"欢欢此时却说："我不想去了。"妈妈听到后感到非常无语，本来是想鼓励他，没想到却起了反作用，更加重了欢欢不想参加比赛的抵抗心理。妈妈没有办法就直接下了命令："你现在不去也已经来不及了，老师和同学都在等着你呢！"说完妈妈就拉着欢欢直奔比赛的地点。欢欢为此非常不高兴。

老师看到欢欢一脸不高兴的样子，就知道欢欢的心思："欢欢，不要那么紧张，一场比赛而已，输赢都不重要，重要的是积极进取的心。希望你能从这个过程中积累经验，得到成长。"欢欢听了老师的话以后，心情顿时轻松了很多。在比赛的过程中，欢欢不断精进自己的技术，提升自己的思维。比赛结束后，虽然欢欢没有获得奖项，但他却期待下一次的比赛。

有的人怀揣梦想，一生却被拖延症所累，碌碌无为。有的人坚定理想，可以日复一日、兢兢业业地努力，因此取得了辉煌的成就。他们的区别在于是否充分利用了时间。

"时间"是一个晦涩难懂的话题，时间管理，也是每个人一生绕不过去的话题。不管大事小事，都应该确定一个明确的时间期限。比如：半小时内写好数学作业，在一周内阅读完一本书等。时间期限是一种督促，可以提醒你，接下来某段时间要做些什么。

　　只要你制定出有效的时间管理策略，养成良好的时间管理习惯，就能够战胜拖延症，走向成功。

成长课堂

＊应对拖延症最有效的方法，就是什么都别想，先干再说，做着做着思路就清晰了。试试先从闹钟一响就起床做起。

＊养成马上开始的习惯，不要等到最后一刻才开始做事，马上开始可以减轻压力，提高效率。

制订计划，找准努力的方向

导语

　　小朋友，你是否有过这样的经历：特别想做好一件事，已经很努力了，但结果还是失败了。其实要做好一件事，要先确定方向，制订合理的计划，找到科学的方法，这样才能走向成功。

　　"南辕北辙"的故事告诉我们，如果努力的方向不对，越努力离你的目标就越远。成功的关键在于先明确目标，了解自己的兴趣和天赋，并把这些与目标相结合，找到努力的方向。再将这件事分解成容易完成的小目标，制订出一个可执行的计划，然后分步骤去做，就一定可以实现目标。

　　西方有句谚语："如果你不知道自己要到哪儿去，通常你哪儿也去不了。"成功取决于在正确的方向上投入持续的努力，如果方向不对，就只是白白浪费时间和精力。

　　2013 年，英国举行了一场 5000 人的马拉松比赛。由于主办方的疏忽大意，跑在队列第二、第三位的选手，中途竟然选错了路，这直接导致跟在他们身后的所有参赛者都跑错了。最终，除了跑在第一位的选手外，其余全部参赛者都因少跑了 264 米路程而失去了比赛成绩。

在错误的方向上努力，付出越多，浪费的时间和精力就越多。闷头努力不讲方法，到头来可能会白忙一场。所以努力很重要，选对方向更重要。

有这样一个故事，讲的是大象、豹子、骆驼决定一同进入沙漠寻找生存空间。在进入沙漠前，天使告诉它们，只要一直向北走，就能找到水和食物。可是，进入沙漠以后，大象、豹子、骆驼发现沙漠很大，它们失去了方向，根本"找不着北"。

大象认为自己很强壮，即使失去方向也没关系，只要朝着一个方向走下去，肯定会找到水和食物。于是，它选定了自认为的"北"，开始不停地前进，走了三天，发现自己竟然又回到了原点。大象决定再走一次，这次，它提醒自己不要转弯，然而三天后，它又回到了原点。之后的每一次出走，都会再次回到原点，大象最终因为筋疲力尽而死。

豹子认为自己的奔跑速度快，再大的沙漠也能够穿越，它就向着自认为的"北"奔去。可是跑了几天后，它发现越向前草木越稀疏。豹子害怕了，决定按原路返回。可是，它又一次迷失了方向，它开始乱跑乱撞，但始终找不到目的地，最后绝望而死。

骆驼是个智者，它认为慢慢走就好，只要找到真正的"北"，用不了三天，就会找到水和食物。所以它白天不急于赶路，而是休息。到了晚上，当天空挂满星星时，骆驼找到了耀眼的北斗星，于是它沿着北斗星的方向前行。三个夜晚过去了，骆驼终于来到了水草丰美的绿洲旁。

从此，骆驼在这里安家，过上了丰衣足食的生活。

骆驼不如大象强壮，不如豹子速度快，它成功的秘诀是找准了前进的方向。正如"南辕北辙"的故事一样，盲目努力而不考虑目标是否正确，也没有详细的行动计划，这样的行动往往是徒劳的。

设定明确的目标是成功的第一步。一个人在人生的不同阶段有不同的目标，每一阶段目标的实现就是人生上了一个新台阶。既要有年度目标，又要有月、周短期目标；在明确整体目标的同时，还要分科目制定逐日完成的小目标，依次实现和突破，这样既可以实现远期目标，又可在一次次的小成功中获得自信。

那么，怎样的目标才更实际？不妨问自己几个问题：

1. 你想达到什么样的成绩？

2. 你想考到哪一个城市？

3. 你想上哪一所大学？

4. 你想从事什么样的工作？

……

确定目标，找准努力的方向，接着制订科学合理的计划，找到达成这些条件的有效方法，比如需要找哪些人帮忙、自己需要做出哪些努力、需要花费多长时间等，然后按照计划有条不紊地执行，就能靠近自己的目标。

制订合理的做事计划，还要在过程中评估事情进展，不断做出调整，不断校准努力的方向，让努力更有针对性、更高效。只有这样，努力才能产生价值。

垃圾是放错地方的财富，庸才是站错位置的人才。如果犯了方向性错误，背道而驰，则是越努力越白费。只要方向没问题，即使中间遭遇一些曲折反复，耽误了一些时间，走了一些冤枉路，但最终总会到达胜利的彼岸。

 成长课堂

*当你还不知道做什么和怎么做时，先思考大方向对不对，想清楚了再放手去做。

*选择一件你最想做的事，制订完整的执行计划。计划一定要具体详细，详细到下一分钟就可以行动。

机会，只留给有准备的人

导语

小朋友，在你的成长当中，是否有过高光的时刻？比如在全校大会上作为学生代表发言，作为优等生被选拔参加竞技比赛，作为获奖者接受公开表彰等。

你是否也会有一些令人遗憾的时刻？比如以一分之差与冠军失之交臂，由于胆怯没能参加重要的公开表演……

挑战与机遇并存，如果你想抓住机会，就要接受挑战，主动迎接生命中的高光时刻；如果你选择放弃，就有可能会遗憾收场。这些不同的经历就像你成长中的里程碑，或多或少会给你的人生带来转折和变化。

机会不是等来的，而是主动争取来的。你要尽可能地做好准备，看见机会时要勇敢地抓住它。就算最后失败了，也不至于一无所获。凡所经历，皆是成长。

机会像一个顽皮的孩子，总是在不经意间来到那些准备好的人身边。在一个人的成长中，机会常常扮演着重要的角色，甚至直接主导命运的走向。但机会来无影去无踪，不知何时能降临。我们可以把控的就是努力学习、做好准备，当机会来时一把抓住！

《三国演义》中有"草船借箭"的故事，讲的是孙权和刘备联手对抗曹操大军，面对曹军的进攻，东吴兵马大都督周瑜要求诸葛亮十天准备十万支箭。面对周瑜的刁难，诸葛亮却一口答应下来，而且说不需要十天，只要三天即可，还立下了军令状。

诸葛亮先向鲁肃借得船只和兵卒，第一天、第二天按兵不动，直到第三天夜里才将鲁肃请到船上，告诉他要一起去取箭。凌晨，江面漆黑一片，诸葛亮命令起锚，向北岸的曹军大营进发。在距离曹军大营不远的地方，他让士卒将船只一字排开，横在曹军营前，并且多次擂鼓呐喊，故意制造一种击鼓进兵的声势。当时江上大雾，曹军不敢进攻，只能通过射箭击退敌军，等到日出雾散，船上的草人身上已经插满了密密麻麻的箭，足足超过十万支，诸葛亮这才下令船队返回。

诸葛亮能够做到草船借箭，重点在于把握时机。在草船借箭之前，他提前做了充分准备，夜观天象得知三天后江上会有大雾和东风。大雾笼罩，曹军只能放箭；东风起，乘船负重返回时可以顺风而归。看似不经意的神机妙算，实际是运筹帷幄，早已心中有数。正是因为做好了充分准备，诸葛亮才能把握住借箭的机会。

日常学习生活中，迎接大型考试之前，如果想考出好成绩，必须要提前做好复习，面对考试才能稳操胜券。出门旅游时，一定要提前准备好日常用品，才能在旅行中更加顺利。在做任何事情时，都做到十二分的专注认真，这比将来因为疏漏而错失机会要好得多。只有提前做好准备，当机会到来时，才能一把抓住。

提前做好准备，就是未雨绸缪，就是在修炼将来应对复杂世界的能力。

你读过《鲁滨逊漂流记》吗？它讲述了主人公鲁滨逊孤身一人在荒岛冒险的故事。鲁滨逊在一次出海当中遭遇暴风雨，他作为唯一的幸存者，被冲到了一个荒无人烟的孤岛上，与外界失去了联系。

起初，鲁滨逊感到孤独和绝望，但他没有放弃，想尽一切办法为生存而努力。他收集岛上所有资源建造避风的住所，种植庄稼、捕捞食物，在小岛上学着制作工具和武器，独自一人在小孤岛上生活了 28 年 2

个月零 19 天。

在 28 年里，他始终没有放弃希望，时刻准备着被救援。直到某一天，终于有一艘船发现了他，并最终将他救了出去。

从鲁滨逊的故事中不难看出，只有做好准备，才有机会等到良机。不管遭遇怎样的意外和困境，始终保持积极乐观的态度，保持永远奋斗的动力，就一定可以抓住机会。正如那句名言所说："机会只青睐那些有准备的人。"

当然，不是每次都有机会从天而降，而是需要你主动争取，勇敢地抓住它，就算最后失败了，也不至于一无所获。

毛遂，是战国时赵国平原君（赵胜）门下数千名食客中的一名。当秦兵包围赵都邯郸、局势十分紧张的时候，赵王派平原君到楚国去求救。平原君要在食客中选出二十名能文能武的得力人员同去，可是选来选去，只选出了十九名，还缺一人，再也选不出中意的了。

毛遂深信自己是有才华和能力的，于是主动争取为国家效力的机会。平原君问他："你在我门下几年了？"毛遂说："3 年。"平原君说："一个人如果真有才能，就好像锥子放在布袋里一样，它的尖刺立刻会露出来。你在我门下 3 年了，我却没有听说过你。"毛遂却说："我现在向你推荐我自己，就是请求你把我放进布袋里。假如你早把我放进布袋，那我早已'脱颖而出'了。"平原君非常欣赏毛遂的自信和勇气，就给了毛遂一个机会。

到了楚国，平原君去见楚王，请求迅速派出援军，和赵国联合抗秦。但是楚王不愿联合抗秦，平原君也说服不了楚王。这时，毛遂主动代表其他十九位义士去说服楚王。楚王听说毛遂是平原君的门客，怒气冲冲地要让他滚出去。毛遂一手提剑，一手拉住楚王的衣袖，慷慨陈词，层层推进，一再说明联合抗秦的重要性。

楚王被毛遂勇敢的举动惊呆了。接着，毛遂又向楚王分析，共同抗秦对赵、楚双方都有好处，等等。毛遂的一席话，使楚王佩服得五体投地，楚王决定答应平原君联合抗秦。从此，毛遂就成了平原君家中的贵客。

毛遂自荐的故事告诉我们，懂得推销自己很重要。当然这一切要有一个前提：你必须是做好准备的，无论是文才还是武才。要知道机会是留给有准备的人的。

成长课堂

*主动展示自己的才华和能力，努力争取机会，做一件一直想做却不敢做的事情，你会有意想不到的收获。

*如果你拼尽了全力还是错失了机会，别因此气馁，要继续努力，做好准备，迎接下一次属于你的机会。

第三章

努力成长，不辜负只有一次的人生

运气、出身和努力，哪一个重要

导语

　　小朋友，相信你每天都在为成为更好的自己而努力着。在通往成功的路上，运气、出身和努力，你认为哪个更重要呢？

　　有的人一出生就看不到世界的美好，而有的人则在花团锦簇中长大；有的人一出生就拥有慈爱的双亲，而有的人一出生就惨遭抛弃。关于出身，我们往往无法选择。

　　运气在人的一生中也起着至关重要的作用，但运气却无法预测难以控制。所以好运气并不能保证你一直成功，也不能代替你个人的努力。

　　而唯有努力是一种可以主动掌控的行为，它需要你付出时间、精力和毅力，需要坚持不懈，才能引领你实现自己的理想和目标。

　　在这个崇尚成功的时代，相信你也经常听到周围人谈论所谓的成功。有人可能会说，出身决定了一个人的未来发展；有人说运气是成功的关键；还有人坚信，只有通过努力才能实现自己的梦想。你如何看待运气、出身和努力？在通往成功的路上，哪个更重要呢？

关于这个问题，古今中外很多名人都有自己的见解。俄国伟大科学家门捷列夫曾经说过："终身努力，便成天才。"古希腊哲学家苏格拉底也曾说过："世界上最快乐的事，莫过于为理想而奋斗。"物理学家爱迪生也说："天才就是 1% 的灵感加上 99% 的汗水。"这些杰出人士一致认为，努力是通往目标的路径，而运气只是锦上添花的一笔。

著名的足球运动员罗纳尔多，出生在一个并不富裕的家庭，但是却有着出色的足球天赋。一次偶然的机会，罗纳尔多参加了一场足球比赛，就是因为这场比赛，他被一位著名的球探选中了。这位球探发现了罗纳尔多的天赋，并为他提供了进入一家著名足球俱乐部青训营的机会，这才成就了世界级的足球巨星罗纳尔多。

从罗纳尔多的经历可以看出，运气有时候确实会影响一个人的命运，甚至是一个人成功的关键。但是千万不要把成功寄希望于运气，正如守株待兔一样，偶尔一次碰上活蹦乱跳的兔子一头撞死在树上，那是运气，但是千万不要天天等着兔子撞死在大树上，运气是靠不住的。要想成功，需要坚持不懈地努力，运气只是努力的附赠品而已。

再说一说出身对一个人的影响。成功并非取决于出身，而是取决于你对目标的执着和不懈努力。无论你是什么样的出身，其实都是福祸相依的。如果你出身富贵，财富可以是你成功的助力，也可以是你成功的枷锁。如果你出身贫穷，贫穷可能是你成功的桎梏，也可能是你成长的学校。千万不要因为出身而自卑，更不要被自己的出身所限制。

中国著名教育家、思想家孔子，出身虽不显赫，但他对学问和道德的追求却无比投入。面对社会动荡和政治混乱，他以非凡的智慧和不懈的努力做着改变。他积极推崇仁爱、礼义诚等思想和价值观，他的教育理念深深地影响了后世。

出身，我们无法改变；运气，我们无法掌控；唯有努力，我们可以把握。努力是不断寻找解决问题的方法，努力是遇到障碍能够坚持下去的勇气。

一个人的努力，主要源于个人内在的动力，这种动力往往是基于对目标的热爱。著名的社会活动家马丁·路德·金对平等和公正充满热爱，他一生致力于争取黑人平等和社会正义，决心为人们争取平等权利，消除种族隔离。他组织了争取黑人工作机会和自由权的"华盛顿工作与自由游行"，此次示威运动中有超过 25 万的抗议者聚集在华盛顿特区。在林肯纪念馆的台阶上，马丁·路德·金发表了《我有一个梦想》的演讲。1964 年，马丁·路德·金被授予诺贝尔和平奖。

就像马丁·路德·金那样，为信仰而努力，不仅能够追求个人的梦想和成就，更能够为社会带来积极的改变。当你对自己的理想和目标充满热爱时，你会毫不犹豫地付出努力。

为成长而努力，为实现自己的理想和目标而奋斗，也是在一次次努力挑战自己的极限，超越自己的舒适区，以此获得个人的成长和发展。

总而言之，不要被出身所限制，要挖掘出身的积极价值，帮助你做更好的自己。也不要寄希望于运气，没人知道好运气什么时候会来，所以努力做好准备就对了。唯有努力才能通向成功的彼岸，才是真正的成功之道。

成长课堂

* 无论你的出身如何，试着从中挖掘它的积极价值。比如，富足可以让你更有见识，贫穷可以让你更有毅力。

* 虽然不知道好运什么时候来到，但是经常微笑、保持乐观的人，运气总不会差。

* 努力是我们可以把控的部分，积极努力的人，总会得到一个不错的结果。

卓越的人生从来不设限

　　小朋友，你有没有过这样的经历：明明自己已经很努力了，但是最后仍然失败了，你对此感到疑惑和沮丧。其实要想做成一件事，除了找准努力方向、主动寻找机会和持续努力以外，还要有内在的自信。

　　想追求卓越的人生，一定要有强大的内心，不自我设限。当思想上自我设限时，就相当于提前放弃了努力，在不远处给自己画了休止符，这会极大地限制自我发展。

　　卓越的人生没有终点，是实现了一个目标，又确立一个新目标；是勇敢走出舒适区，不断发掘自我潜力；是相信自己，永远保持对美好人生的向往与追求。

　　人与人之间的先天禀赋都差不多，为什么有人一生耀眼夺目，取得了辉煌成就，而有人却一生碌碌无为？除了努力和坚持以外，区别还在于思想上是否会自我限制。

　　那些容易自我设限的人，往往缺乏自信，常常对自己的能力和价值

产生怀疑，所以不敢尝试新事物，不敢追求更高的目标，也就无法发挥出全部潜能。

小朋友，你是否有过认为自己不行、怀疑自己的能力、对自己充满负面评价的经历？不要沉浸在这些消极的想法中，要鼓起勇气、拿出自信心迎接困难，这样才能走出自我设限的怪圈。

亨利·福特是美国汽车工业的先驱者和创始人之一，他年轻时就对机械和发明产生了浓厚的兴趣，希望制造一种人人都能负担得起的汽车。但是他对自己不够自信，对自己的能力和想法并不确定，尝试过几次创业，都以失败告终。一连串的挫折，打击了他的自信心，不过他没有放弃，而是选择了坚持，最终成功地制造了著名的福特 T 型车。不仅带动了整个汽车工业的发展，还使他成为富有且受人尊敬的企业家。

　　自我设限是一种阻碍个人发展的观念，它会限制一个人的潜力释放和内在成长，从而影响一个人的个人成就和幸福感。只有克服自我设限，打破思维束缚，才能开启一条通往卓越的道路。

　　那么，如何实现自我超越呢？

　　首先，要积极地培养自信。遇到困难和挫折时，多提醒自己没什么，相信自己有能力解决，这只是一次成功前的磨炼。

　　其次，多做让自己有成就感的事情。在日常学习和生活中，勇敢走出舒适区，接受一些挑战和风险。比如，报名参加演讲比赛，跟妈妈学做一道菜，跟爸爸一起爬很高的山……刚开始时，你的内心可能会有忐忑和自卑，但通过慢慢磨炼，将获得越来越多的成就感。

　　海伦·凯勒是一位美国作家，她在幼年因为一场严重的疾病，同时丧失了视力和听力，从此进入黑暗无声的世界。但是她并没有因此被击倒，而是在家庭教师安妮·莎莉文的引导下，走出了孤独和绝望。她凭着不懈的努力，出版了《我感知的神奇世界》《走出黑暗》等一系列作品。面对黑暗无声的世界，尽管她的内心充满恐惧，但是她没有给自己的人生设限，她坚信自己可以克服障碍，可以通过学习取得成就，也因此创造出了非凡人生。

　　有人做过一个实验，把跳蚤放进广口瓶中，用透明的盖子盖上。一开始，这些跳蚤试图跳出去，但每次都会撞到透明盖子上。过一会儿，跳蚤还会继续跳，但是不再跳到足以撞到盖子的高度。然后拿掉盖子，你会发现跳蚤还会继续跳，但不会再跳出广口瓶以外了。每只跳蚤似乎都在默认一个看不见的高度，然后调节自己只跳那么高，一旦确定，便不再改变。

　　无论在人生的哪个阶段，千万不要做给自己设限的跳蚤。不要把自己局限在别人对你的看法里，只有你自己知道自己有多么出色。

成长课堂

*勇敢地面对挑战，不要害怕失败。挑战自己并克服困难将带来成长和自信的提升。

*当你遇到困难和挫折时，多提醒自己，这只是一次成功前的磨炼，相信自己有能力解决问题。

激活你的无限创造力

> 小朋友，你是一个富有创造力的人吗？那么，什么是创造力，创造力对一个人的成长有什么影响呢？
>
> 创造力是打破常规的思维模式，它对现有观念提出质疑，并且形成一些创新的想法。具有创造力的人，能够从不同角度看待问题，用不同的方式思考并提出解决方案，从某种程度上说正是创造力推动了人类的进步。

创造力就是将你的想法带入现实，使其成为现实的力量。创造力是一种独特的思维能力，它源于对生活的热情和对世界的好奇。

当人类世界到了夜晚充满黑暗时，爱迪生发明了灯泡。当天空中没有交通工具时，莱特兄弟成功制造并驾驶第一架可控制飞行器上天了……这个世界的很多改变，都源于创造力的非凡能量。

富有创造力的人往往对世界充满好奇，喜欢探索新领域。他们善于从周围的事物中获取灵感和启示，能够把看似不相关的事物联系在一起，创造出新的事物。

　　明代航海家、外交家郑和，奉明成祖的旨意率领船队进行了七次远航，拜访了 30 多个国家和地区。15 世纪初，欧洲的航海技术还不发达，欧洲人对外部世界的了解有限，而郑和就通过他的航海知识和经验，率领船队风雨兼程，穿越了印度洋，一路向西，抵达了非洲东岸，还与当地的人交流贸易，把中国的文化技术带到那个地区。

　　郑和七下西洋，表现出人类在海洋上前所未有的开拓精神，就像中国的四大发明、万里长城一样，是中华民族创造力的又一次集中体现。

　　创造力是在观察和实践中产生的，是深入研究和持续努力之后的成果。不要害怕失败，要勇于探索和尝试，勇于挑战常规想法和传统观念。通过各种方式不断实践与了解，才能获得源源不断的创造力。

成长课堂

*不断尝试新的想法和方法，接触不同领域的知识和经验，拓宽思维的边界，勇于挑战常规想法和传统观念，才能激发你的创造力。

*坦然接受失败，把每一次失败看成一次经验的积累，以此促进新的思考和创意的发生。

你不必成为别人眼中的自己

导语

　　小朋友，当父母批评你，总夸奖别人家孩子优秀的时候，你是不是很生气？你是不是很想成为那个"别人家的孩子"？

　　其实，在每个人的成长中，都会受到来自他人的期望和评价，他们常常告诉你应该怎样做。但是每个人都是独一无二的，你不必成为别人眼中的自己，你的价值不应该取决于别人对你的评判，你有自己独特的光芒和才华。

　　画家梵高、科学家爱因斯坦，都曾经不被人们理解和接受。所以你要相信自己拥有无限潜力和可能性，要勇敢地展现你独特的个性和才华，勇敢做自己，只有这样你才能创造出属于自己的精彩人生。

　　在你的成长过程中，会不会有人曾这样说："你看人家×××，聪明、成绩好，还有礼貌，再看看你，什么都做不好……"每次他们这样说，是不是都会让你无地自容，既羡慕又讨厌那个"别人家的孩子"？

　　在日常生活中，可能周围的人每时每刻都在用自己的标准评价你，这时你就应该保持独立而清醒的思考。不要因为别人的言论而试图改变自己，而应该自信地展现自己的特点，挖掘自己独特的潜力和价值。你不必成为别人眼中的自己，因为你的时间有限，不要浪费在过别人的生活上。

特斯拉创始人、太空探索技术公司（SpaceX）首席执行官埃隆·里夫·马斯克，在自己的成长和创业过程中，受到过无数的负面评价，但他始终坚守初心，不断解决困难，不仅创立了电动汽车品牌"特斯拉"，还实现了私企火箭顺利折返、海上火箭回收等壮举。

马斯克刚开始做特斯拉时，许多人质疑他的理念，认为电动汽车不会成功，认为他在浪费时间和金钱。但是马斯克坚信电动汽车的未来，

不必做别人眼中的自己，做自己的样子最帅。

我就是我，是颜色不一样的烟火。

不断努力推动技术和设计创新，最终成功地将特斯拉打造成一家全球领先的电动汽车制造商。

在创办 SpaceX 时，有人也认为私人企业无法进入太空领域。但是马斯克却坚定信念，尽管遭遇了许多失败和挑战，最终还是成功地将航天器送入太空轨道，开启了太空运载的私人运营时代。

每个人都可能会面临来自外界的负面评价，不要让这些噪音淹没你内心的声音。相信自己的理念，坚持自己的梦想，以自己的方式闪耀，你是独一无二、与众不同的。

《丑小鸭》的故事告诉我们，要自信做自己。丑小鸭因为外貌一直感到自卑和孤独，它努力想被别人喜欢，但无论怎么努力适应其他动物，始终找不到归属感。在被多次无情驱赶后，丑小鸭决定去寻找真正属于自己的家。

直到有一天，丑小鸭发现了一个美丽的湖泊，看到一群美丽的白天鹅，丑小鸭才发现原来自己是一只天鹅，只是长大之前被误认为是丑小鸭而已。丑小鸭变白天鹅，它找到了属于自己的位置。

就像丑小鸭一样，每个人都可能经历过被别人评价或贴标签。但一个人的真正价值不应该由他人的眼光来决定，只有勇敢做自己，才能发现自己真正的才华和价值。

无论你的梦想是什么，只要坚持不懈努力追求，不断发掘自己的潜力，证明自己的独特价值，就能取得非凡的成就。

成长课堂

*不要因为任何人的言论而试图模仿别人、成为别人，而应该自信地展现自己，挖掘自己独特的潜力和价值。比如，把自己的某个爱好变成特长。

*要自信，勇敢做自己。比如，可以每天写下自己的三个优点，并大声反复朗读，你会变得越来越自信。

梦想的起点就在"当下"

在一个人的成长中，梦想就像闪亮的火焰，指引着你努力的方向。你的梦想可能是成为一名科学家、艺术家、运动员，或是改变世界的人，无论你的梦想是什么，都蕴藏着无限的可能性。

你可能认为实现梦想需要等到长大以后，但是我想告诉你一个秘密：实现梦想的起点就在"当下"，现在起，就踏上追逐梦想的旅程！

无论你多大，都可以从当下开始追寻梦想。可以从身边小事做起，发掘自己的兴趣和热情，也许你喜欢绘画、弹奏乐器，或是写故事，无论你喜欢什么，都用心努力去做，梦想终会实现。

时间不会等待任何人，如果有梦想，就要立即行动。小朋友，你的梦想是什么呢？

你的梦想可以很大，比如成为一名科学家、物理学家；你的梦想也可以很小，比如学会弹奏一首喜欢的乐曲，写一手漂亮的小楷……无论梦想是什么，它的起点都在"当下"！只要有了明确的目标，就可以随时启程。

曾有一项社会调查："你曾经做过最后悔的事情是什么？"大多数人的回答竟然如出一辙："我后悔当年没有好好学习！"后悔当初是因为意识到了如今的不足。与其后悔以前，不如把握当下。现在的你正值少年，千万不要"少壮不努力，老大徒伤悲"，古老的道理往往都是真理。

少年时期是学习和探索的黄金期，要利用这个时期培养兴趣和技能，挖掘自己的优势和特长。任何一个美好的愿望，要想成为现实，都需要付出不懈的努力与奋斗。所谓奋斗，是刘禹锡笔下"千淘万漉"的辛苦，是郑板桥"咬定青山不放松"的坚韧，更是陆游"少壮工夫老始成"的耐心与决心。

有一位北大才女，讲过自己的求学路。她说自己出身寒门，家庭普通到身边没有任何可以利用的资源，却有一位没上过学却希望孩子上大学的母亲。

刚上高中时，她是一名不写作业、年级排名倒数的学生。但就是这样一位差等生，忽然有一天异想天开，想要考北大，然后开始疯狂努力，发疯似的学习。最终，她还是与北大擦肩而过。然而执着于北大的女孩，并没有因此而妥协，而是选择在当下不断努力。

4年之后大学毕业，她决定考研时再次报考北大，虽然家人对她的选择并不支持，但她依然义无反顾地选择了北大，最终实现了自己的梦想，走进了北大校园。年少时期的努力，对于一个人的成长至关重要，只有通过勤奋学习和不断探索，才能实现自己的梦想。

在实现梦想的过程中，难免会遇到困难和挑战，比如别人对你的一些负面评价，别人对你梦想的不屑。这些都不应成为你继续向前的阻力。无论别人怎么看待你，你要相信自己，努力追求自己的热爱。你的价值取决于你的热情和努力。

这种努力不是等明天再说，而是从当下这一刻开始，比如认真阅读一篇文章、努力攻克一道难题，积跬步才能至千里。

有一位男孩有严重的网瘾，高中时因为痴迷玩游戏而退学，之后两三年的时间里，每天除了吃饭、睡觉就是玩游戏。他的父母和亲友轮番上阵，摆事实、讲道理，软硬兼施，通通不管用，男孩死活都不去上学，家长甚至想把他送到戒网瘾的学校。

这个男孩在说起辍学这件事时，认为自己过得挺好，为什么要去上学。父母希望他开心快乐，他现在就挺开心快乐的，父母又有什么理由不满意呢？事实上，他看到了当下的快乐，却没有考虑不可预知的未来。

现在大多数人的物质条件很优越，吃穿住行得来全不费工夫，使很多人会认为生活本该如此。其实，你只不过是在享受父母努力的成果，当父母年老体衰不能再提供物质支持时，你该怎样生存？即使你拥有了可以让自己一生衣食无忧的财富，但未来是充满变数的，出现的问题可能是金钱都难以解决的，你需要有生活的本领和应对风险的能力。否则，一个小浪就能将你的整个人生掀翻。

人生的价值在于经历，如果你只是沉浸在当下短暂的快乐中，只求解决温饱问题，就不可能感受到成就感带来的快乐，发挥不了一个人的独特价值，将来也会为今天的懒惰付出代价。

梦想是美好的希望，梦想是生命的导航。梦想在远方，也在当下，你可以从身边小事开始努力积累经验，持续努力，那么你的梦想终会实现，你将成为自己的英雄，创造属于自己的奇迹。

成长课堂

* 面对困难和挫折时，要以坚定的信念和不屈的意志力持续努力，梦想终会绽放光芒。
* 要想实现梦想，不是有能力了才去实现，而是从当下的小事开始努力，比如认真答好一张试卷、耐心写好一张毛笔字帖等。

第四章

为自由努力奋斗，
为选择坚持到底

努力，让你拥有更多选择的自由

导语

人生就像一本厚厚的书，每一页都充满无限可能，而你正处于人生中最美好的一页。当面临人生中各种重要选择时，一定要认真对待，因为今天的每一个选择，塑造并决定着你的未来。

如果你选择努力，不仅可以实现梦想和目标，还可以在追寻梦想的过程中，拥有更多选择的自由。比如，你热爱音乐，就可以通过努力成为一名音乐家，之后就可以一直做自己喜欢的音乐，按自己喜欢的方式生活。

如果你选择通过努力成为某个领域的专家，就可以选择拒绝哪些工作，接受哪些工作，你会有更多的自主权，人生状态也会更美满。

小朋友，你想不想过这样的生活：时间自由，自己可以决定什么时间做什么事。事实上只有极少数的人才有这样的自由，他们就是大家所说的"成功人士"。他们不用再为生存而烦恼，可以自由支配金钱和时间，可以自己决定休息和工作的时间。所以，只有努力在某个领域取得成功，才可能自由选择生活方式，按照自己的喜好和意愿生活。

实验物理学家、诺贝尔物理学奖获得者丁肇中教授说过："做物理研究的人，一定要把物理当成一辈子最重要的事情，而其他的事情都是次要的。"其实这就是一种人生的选择。通过有选择性地努力实现自己的理想，就是在追求一种自己想要的生活方式。

一个人终其一生努力的意义，就是为自己创造更多机会和自由，使自己能够追求真正喜欢的事，而不仅仅是为了生存而做事。只有通过持续不断的努力，我们才能获得更多自由和选择。

新东方教育集团创始人俞敏洪曾在《我生命中的那些日子》一书中写道，他出生在一个家境贫困的农村家庭，却有着强烈的求知欲，他知道只有努力学习，取得进步，才有可能改变自己的命运。他通过努力，考入了北京大学，本科毕业后留校任教，后来从北京大学辞职创办了北京新东方学校，旨在帮助更多学生实现理想，拥有可以自由选择的人生。

努力才能追求自由和实现梦想。当你足够有能力时，才能拥有更多的选择权。努力不只是为了一份好的收入，也是为了扩展自己的视野，发掘自己的潜力，了解自己的兴趣和擅长的领域，让自己的人生更加丰富和有意义。

当你付出了足够多的努力，取得了一定的成就后，就能够在一定程度上掌控自己的时间，更好地平衡学习和生活。

阿根廷足球巨星梅西，是足球界备受瞩目的偶像。他从小对足球充满热爱，每天都进行踢球练习，积极参加当地的足球比赛。尽管梅西身材不高，但他的速度、敏捷度和技术，都让他在比赛中脱颖而出。

梅西还研究优秀球员的技术，不断改进自己的比赛策略和技术动作，追求每一个动作的完美。通过持续不断的努力，梅西逐渐引起了世界足球界的关注，后来还创造了无数惊人的纪录，赢得了许多世界级的荣誉和奖项，他将自己的热爱与事业结合了起来。

当你通过努力取得成功以后，就可以自由选择热爱的事业或职业，这样你在工作时会更加投入，而且充满热情，同时也能享受到工作带给你的成就感和满足感。

孩子们，今天努力学习，不是为了考多少分，考上哪个学校，而是要通过学习拥有选择的权利，选择有意义、有时间的工作，而不是被迫

谋生。当你的工作在你心中有意义时，你在工作时就会有成就感，你就会感觉到幸福和快乐。

成长课堂

*试着安排一下自己的课余时间，并按照时间表去执行，看是否可以做到既不耽误功课，也有时间做自己的事。

*不断学习和掌握新的知识和技能，将来才有更多的选择和机会。

挖掘自身优势，拒绝无效努力

导语

　　小朋友，你了解自己的优势和不足吗？有人说一个人成功的关键在于取长补短，也有人说一个人成功的关键在于扬长避短，你如何看待这个问题呢？

　　每个人都有优势和潜力，也有自己的短板。如果你过度关注自己的短处，就会影响你的自信，分散你的注意力和精力，阻碍你成功的脚步。

　　在努力的过程中，当投入大量的时间和精力，却无法取得相匹配的成果时，你要意识到你有可能是在无效努力，这时需要调整努力的方向。一个人实现理想的关键，是把更多精力投在自己的优势上，在正确的方向上努力，扬长避短，更容易让你在特定领域成为专家，实现自己的目标。

　　每个孩子都是独一无二的，每个孩子的天赋各不相同。当你想达到某个目标时，首先要发掘自己的特长和优势，扬长避短。

　　有位哲人说："每个平淡无奇的生命中，都蕴藏着一座宝藏。"少年，你也是如此！当你觉得自己不如别人时，你只需要在自己身上继续挖掘"金矿"。每个人都有自己的优势，认真思考，想想自己对未来的期望，这是发现天赋的基础。

　　达尔文在 1825 年被送到爱丁堡大学学医。但是达尔文对医学没兴趣，却对大自然情有独钟。他从小就喜欢采集矿物标本和动物标本，在医学院读书的时候依然坚持自己的爱好。1828 年被送到剑桥大学修神学，但是达尔文依然把大部分时间用来学习自然科学。达尔文从剑桥大学毕业后，放弃了令人羡慕的牧师职业，热衷于自然科学研究，还以博物学家的身份开始参与环球考察活动。经过 20 多年的研究，达尔文完成了科学巨著《物种起源》，在整个世界都引起了轰动。

只有对自己感兴趣的事情，才会有更多行动的动力。当你挖掘出自身优势并追求热爱的事业时，更容易取得突出成就。无效努力只会浪费时间和精力，并阻碍你实现成功的脚步。

很多人并不能充分认识自己的优势。那么，该如何挖掘自己的优势呢？

首先做好自我反思，思考自己喜欢做什么，擅长什么，在哪个领域表现得出色，这些就是你的优势所在。

其次要倾听他人的意见，向家人、同学或老师询问，了解自身的优势。也可以在实践中了解自己，尝试参加一些活动，观察自己在活动中哪些方面表现得更出色，那就是你的优势。当你发现自身优势之后，可以在优势领域提升专业技能，进而在擅长的领域取得卓越的成就。

除此之外，一个人要想成功，在挖掘自身优势的同时，还要拒绝无效努力。无效努力指在某个领域或者目标上努力了很久，投入了大量的时间和精力，却无法取得相匹配的结果。这是因为选择了错误的方向，所有的努力都变成了无用功。要时刻专注于自己擅长的事情，而不是自己不擅长的事情。热爱、全心贯注于所期望的事物上，必将取得收获。

成长课堂

* 思考一下自己喜欢做什么，擅长做什么，在哪个领域表现得出色，找到优势所在，然后在优势上努力，把优势变成特长。
* 在挖掘自身优势的同时，拒绝无效努力。

更多权利 VS 更多努力

小朋友，在你的成长过程中有没有过这样的体会：想自己决定看动画片的时长，想自己决定几点睡觉，却没办法实现。随着渐渐长大，你有了越来越多的权利，可以自己决定穿什么衣服，可以自己决定跟谁交朋友，但是依然有很多自己没办法得到的权利。

如何让自己拥有更多权利呢？当你担任了更重要的角色时，通过努力成长得越来越强大时，你会发现自己获得的权利越来越多。比如，当你因成绩优异被任命为学习委员时，你有了督促大家学习的权利。所以，如果你想获得某项权利，那就要先付出努力。

小朋友，当你在学校表现优异，被任命为班干部时，你就有了比其他孩子更多的权利。当你在学习上表现自律，父母对你很放心时，他们会把越来越多学习上的权利交给你，你就有了更多自主权。

努力是通往成功和自由的必经之路，努力可以获得选择和学习的自由。只有通过坚持不懈的努力，才能获得更多的权利和自由。

童话作家安徒生出生在丹麦。他的父亲是个鞋匠，母亲是个女工。

他从小热爱艺术，他也坚信自己具有艺术天赋。14 岁时，安徒生希望成为一名歌剧演唱家，于是踏上了前往哥本哈根的漫漫长路。安徒生靠着出众的声线被丹麦皇家艺术剧院雇用，眼看离梦想越来越近，却因为经历变声期的尴尬而被解雇。

命运的转折很快到来，他发表了诗剧，被皇家艺术剧院送进两家学校免费就读。上学期间，安徒生不仅勤奋学习，还尝试各种形式的文学创作。他写诗歌、剧本、游记和散文，文学天赋很快得以展现。

后来，安徒生开始尝试写童话，在童话世界里，他找到了自己的归宿。他出版的第一部童话故事集为《讲给孩子们听的故事》，包括《打火匣》、《小克劳斯和大克劳斯》和《豌豆上的公主》。随后，他又完成了第二部童话故事集，包括著名的《拇指姑娘》。两年后，安徒生完

努力就好，总有一种成功等着你。

成了第三部童话故事集，其中《海的女儿》和《皇帝的新衣》使他获得了空前的国际影响力。他在现代童话文学史上的地位无疑是不容忽视的，被人们誉为"童话之父"。

安徒生没能成为歌剧演唱家，却成了童话作家。说明所有的辛苦都不会白费，即使是在一件事情上的付出看不到成效，也会有另外一件事情给我们回报。

当然，如果一开始就注重努力的方向，那么就能少走一些弯路。具体该如何做呢？

首先，合理运用时间，把大部分时间花在特长上。加强练习，在自己的优势上努力，正确运用特长可以起到事半功倍的效果。

其次，不断学习和提升自己的知识技能，适应社会的不断变化。比如，多参加校内外的实践活动，参与越多，得到的权利和选择的机会就越多。

另外，当你想获取权利时，也要承担相应的义务。比如，在获取"优秀少先队员"这个荣誉时，也要做好优秀少先队员应该做的事；在担任班长这一职务时，也要在学习和行为上为全班同学做榜样。每个人都不可能脱离义务只享受权利。

成长课堂

＊如果想实现上网自由，那么首先要学会合理安排学习和娱乐；如果想自己安排周末时间，不想父母过多干涉，那么就必须能够科学安排周末的学习任务。

＊切记，在获取权利的同时，也要承担相应的义务。

给不良习惯找个"天敌"

导语

　　小朋友，你有没有过因为一些坏习惯而烦恼？比如，因为磨蹭拖拉，边写作业边玩，导致很晚才睡觉，第二天上课没有精神头。为此你很烦恼，但总也改不掉这个坏习惯。

　　不良习惯会对你的生活和健康产生负面影响，它可能是拖延、邋遢、挑食等，为了摆脱这些不良习惯，我们需要找到对抗坏习惯的正面力量，使其与不良习惯形成对立。

　　当你把注意力放在这些正面力量上后，久而久之，不良习惯就会被正面的习惯所替代，之后留在你身上的，都是好习惯。

　　青少年就像早上七八点钟的太阳，处于一个人成长和发展的重要阶段。这个时期充满着各种诱惑变化和挑战，很多孩子都会表现出一些不恰当的行为，比如网络成瘾、挑食、写字姿势不对、懒惰等。这些不良行为习惯一旦形成，必将成为成长的羁绊，正所谓"千里之堤毁于蚁穴"。因此，不要忽视这些小的坏习惯，要防患于未然，并寻求迅速制止的办法。

　　在城墙根附近，有个很有名的剃头铺，剃头师傅手艺很好，为人亲和，所以他的生意兴隆。由于师傅忙不过来，就从求艺者中挑选了一名聪明、勤快的小徒弟。早、晚客人比较少的时间，师傅会教他。

　　师傅买来许多冬瓜，让他按照刮脸的方法在冬瓜上练习。这个徒弟在练习当中养成了一个坏习惯：在练习刮冬瓜时，如果被师傅叫去做事，他会顺手将剃刀插在练习的冬瓜上。师傅发现这个举动后，曾多次

好习惯受益终身，坏习惯后患无穷。

糟糕，忘记带语文书了！

　　提醒，告诉他这个习惯很不好，必须尽快改正。可徒弟觉得这根本没什么大不了的，当他给客人剃头的时候，肯定不会这么做。

　　时间一天天过去，徒弟的理发技术越来越熟练，但在冬瓜上插剃刀的习惯一直没有改变。这一天，师傅想试试徒弟的手艺，让他给自己剃

头，刚剃到一半，外面来了一位客人，徒弟准备去招呼一下，于是就像往常一样，习惯性地顺手将剃刀一插，只见师傅大叫一声，手捂着脑袋倒了下去。

当你发现自己有某个坏习惯时，一定要尽快找到对抗坏习惯的方法，不然时间越久，坏习惯就越难纠正。相反，如果养成了好习惯，则会受益终身。

20世纪60年代，航天技术没有现在这么发达。在位于哈萨克斯坦拜科努尔航天发射场的运载火箭总装车间里，这一天，迎来了一群特殊的客人。他们是几十位预备航天员，专门来参观飞船。飞船的主设计师发现，有一位年轻人在进舱门之前把鞋子脱了下来。主设计师问他为什么脱鞋？这位年轻人说航天舱这么贵重，他不能穿鞋子进去。这个回答让主设计师非常感动，他感到这个年轻人很珍惜他为之倾注心血的飞船。后来，主设计师推荐了这位名叫尤里·阿列克谢耶维奇·加加林的航天员，他也成为第一个进入太空的人。

加加林有幸成为第一个太空航天员，和他的好习惯密切相关，从他脱鞋这个小动作，就能看出他的专注、敬业和细心。就是这样一个不经意的小动作，却展现了一个人的职业素养，也为自己争取到了机会。可见，养成良好习惯，可以为你的成长创造更加有利的条件，也会帮你抓住更多好机会。

美国前总统本杰明·富兰克林，引领美国走上了独立发展的道路。这位伟人在自传中描述过自己从平凡走向非凡的秘诀——把能够让人成功的好习惯罗列出来，写在本子上，每天进行检查和反省，他就是通过这个方法改变了自己的一生。

我们也可以向伟人学习这个办法。富兰克林把获得成功必不可少的美德总结为十三条：节制、勤奋、沉默、秩序、果断、节俭、诚恳、公正、中庸、清洁、平静、纯洁、谦逊。他每天按照这些标准反思自己的行为，评估自己是否做到了，并详细记录，努力改正。通过不断的反省和督促"自律"，富兰克林养成了一系列的好习惯，帮助他在政治、科学、文学等领域都取得了巨大的成就。

好习惯对一个人的成长和成功至关重要，作为新时代的青少年，更应该通过养成良好习惯，成就美好的人生。三国时期的刘备有句名言："勿以恶小而为之，勿以善小而不为"，指做事不要因为是一件较小的坏事，就尽力去做，不要因为是一件较小的善事，就毫不关心。这句话同样适用于习惯的养成，不要因为坏习惯造成的影响比较小，而任由坏习惯一直存在，也不要因为好习惯的作用不明显，而丢掉一些好习惯。

成长课堂

*列出一些自己想具有的品质，比如专注、高效、勤奋、自律、谦逊等，每天按照这些标准评估自己的行为。

*列出一些自己想养成的习惯，比如睡前看书、每天运动半小时等，每天按时去做，坚持100天，让自己养成这些好习惯。

成功就是简单的事重复做

小朋友，你觉得什么是成功？实现自己的梦想是成功吗？考上理想的学校是成功吗？终于拼成了大型帆船的乐高是成功吗？其实，成功没有高低贵贱之分。只要你树立了一个目标，然后通过努力实现了这个目标，就是成功。

人人都说努力可以实现成功，那么具体如何努力呢？美国电影大师昆汀·塔伦·蒂诺曾说："简单的事情重复做，重复的事情用心做。"这看似极其简单的道理，大部分人却做不到。他们往往三分钟热度，觉得事情简单枯燥就坚持不下去了，殊不知再坚持坚持，成功就降临了。

什么是成功？铁杵磨成针是成功，达·芬奇画蛋是成功，你反反复复将一篇课文读上几十遍也是成功。成功的秘诀就是将一件简单的事情重复做到极致。

如果成功需要 10000 次努力，往往很多人会在 5000 次之前，就放弃了。殊不知，做好一件事很容易，难的是日复一日，把简单的事做完且做好。简单的事重复做，重复的事认真做，认真的事努力做。一点一滴地积累，慢慢地升华，必定会过上自己梦寐以求的生活。

纵观历史长河中，那些在某个领域做出杰出贡献的人，无一不是通过刻苦努力、重复练习实现的。著名的大画家达·芬奇，他小时候很喜欢绘画，14 岁的时候被父亲带到佛罗伦萨，师从著名的画家韦罗基奥。韦罗基奥却让他画鸡蛋，一画就是 3 年，这为他的成功打下了坚实的基础，最终使他成为举世闻名的大画家。

重复的过程，不是简单的复制，而是每一步都要想好做这一步是想

 能把简单的事情重复做好，就是不简单。

得到什么样的结果。看似做着重复的事，却没有一次是完全一样的，每次都有不同的因素出现，所有的变化在过程中自然发生。

爱因斯坦曾担任某大学特邀教授，他给学生们讲过一堂课"成功的秘诀"。上课时，爱因斯坦拿着一个盒子走上讲台，从盒子里取出50枚骨牌，在桌子上摞了起来。摞到20多枚时，骨牌"哗啦"倒了，他不紧不慢地捡起来接着摞。当爱因斯坦重复四五次时，同学们开始窃窃私语。但爱因斯坦依然慢条斯理地摞着，就那么倒了摞，摞了再倒……

半个小时过去了，学生们纷纷离去。也有一些学生和爱因斯坦一起摞骨牌。可是他们发现，骨牌几乎无法摞到40枚，想把50枚骨牌全部摞起来更是不可能。于是，一个又一个学生选择了放弃。最后，班里只剩下一名学生，他固执地坚持着。一个小时过去了，那名学生终于将50枚骨牌全部摞了起来。

爱因斯坦对他说："你成功了，你有什么感想吗？"那名学生思索了一会儿，说道："其实我每摞一次，都有新的发现。"原来，他发现骨牌略带磁性，就把带磁性的骨牌摞在下面；他又发现骨牌轻重不一，于是把重一点的骨牌摞在下面。就这样反复几次过后，他真的把骨牌全部摞了起来。

爱因斯坦说："成功就是不断发现问题、解决问题的过程，同时还要有足够的耐心，所以成功的秘诀就是'简单的事情重复做'。"那位帮助爱因斯坦摞骨牌的学生，就是后来美国著名的物理学家、思想家和教育家惠勒，也是爱因斯坦后来的同事。

任何看似简单的事情，通过不断练习就可以做到极致。日常生活中，用不着什么惊人之举，照样可以有惊人的成果。想读书，就先从每天读 1 页开始。想写作，就从每天写 100 字开始。简单的事重复做，重复的事心无杂念认真完成，你就是行家。

一位叫吉尔的门童正是如此，他是一名出生于纽约市黑人区的孩子，因为没有学历，他的第一份工作只能在一家佳士得公司做保安。面对机械而单调的工作，吉尔没有怨言，而是把所有的事情做得井井有条，上级领导甚至把艺术品宝库的钥匙都交给了他。

吉尔渴望做一份与人打交道的工作，他主动争取成为一名门童。为了做好这份工作，他把所有报纸上名人的照片、名字和介绍剪下来，每天在地铁上复习，晚上回家让妻子考他。这样一段时间后，他每次都能够笑着拉开大门，热情而准确地尊称对方某夫人或某先生。

直到有一天，公司要在伦敦举办一次重大活动，需要一位能够认识所有艺术家、重要客户和名人的接待者，除了这个门童，全公司再也找不出第二个人，所以吉尔被安排盛装出席这次重大活动，配享加长林肯的专车接待。后来，吉尔退休时，公司为他举办了一场盛大的酒会，并宣布他将以公司副总裁的身份和待遇退休。35 年精于一件事，吉尔做到了。

不管什么事情，哪怕再小、再不起眼，哪怕再不需要什么技巧与能力，也要持之以恒，日复一日地做好。努力不会辜负每一个坚持的人。当为简单的事全力以赴后，美好必定会与你相遇。

努力吧，少年！

成长课堂

﹡简单的事情重复做，重复的事情认真做，认真的事情努力做。重复本身就是一种坚持，一点一滴积累，成功必会到来。

﹡在人的成长中，无论是小事还是大事，训练自己做到专注认真，让它成为一种习惯。

第五章

用努力优化
自己的成长环境

你自己就是最好的社交名片

小朋友，你在学校一定有要好的朋友吧？同伴关系对你很重要，有好的同伴关系，你在学校才会更开心。如何与同伴愉快相处，你是不是也有自己的一套方法呢？

关于与同伴相处，告诉你一个秘密，做好自己就是最好的社交。比如，当你在学业中足够优秀时，会自带光芒，会吸引更多小伙伴靠近你；当你与同伴相处时，经常能考虑同伴的感受，说话友善，懂得分享，自然就会有很好的同伴关系。你自己就是最好的社交名片。

你会吸引与你同样的伙伴，你们之间会建立起一种健康美好的友谊，而你们都会在这段友谊中成为更好的自己。

小朋友们，你有过这样的经历吗？跟小伙伴闹矛盾了，不想去上学。因为同伴对你很重要，对你而言没有朋友真的很可怕。为了交朋友，有的小朋友会给小伙伴送零食、玩具，但是这种讨好式交朋友是不可取的，真正的友谊是建立在平等友爱的基础上的。

文文和丽丽是同一个班的，她们都喜欢美术，有共同的爱好，因此成了好朋友。丽丽性格内向，比较敏感，而文文自信大胆，一开始她们相处融洽，后来相处久了，文文感觉这段友谊让她喘不过气。

她们经常因为一些莫名其妙的小事情产生摩擦。比如午餐时文文选了和丽丽不一样的饭菜，文文不小心说错了一句话，或者文文与别人说话冷落了丽丽，丽丽都会生气而不理她。文文每次都要想办法哄她，给她道歉，事事顺着她，文文感觉和丽丽在一起时总要小心翼翼，如履薄冰。

一开始文文觉得没什么，但是时间久了，这样的事情总是发生。这让文文觉得很累，感觉自己做什么都是错的，总要向丽丽道歉才能和好，她已经不知道该如何和丽丽相处了。在这段友谊里，文文变得越来越不开心。

文文把自己的烦恼告诉了妈妈。妈妈告诉她，一段真正健康的友谊是彼此支持、互相鼓励、共同进步，而不是把对方当成自己情绪的垃圾桶，不停地冲对方甩脸色、发脾气，这样的友谊不能称之为友谊。

在和妈妈聊过之后，文文就对丽丽说，希望她以后不要动不动就发脾气，否则就没办法做朋友了。文文也会不自觉地和丽丽保持距离，原来那种亲密无间的友谊已经不存在了。

你是不是常有一种错觉：如果不讨好别人，就交不到朋友，朋友就会不喜欢自己。所以在交友时，即使你有了不同的想法，也不敢对朋友说，更不敢提反对朋友的意见。这样的做法很难拥有"双向奔赴"的友谊。

请记住，美好的友情一定是彼此平等的。你不需要刻意去讨好什么，只需要打造好自己的"社交名片"，自然有优秀的朋友主动靠拢你。

那么，什么是"社交名片"呢？

一个人受不受认可，要看他的人品。受不受尊重，要看他的价值。法国文学家罗曼·罗兰说："没有伟大的品格，就没有伟大的人，甚至也没有伟大的艺术家，伟大的行动者。"人品，是人际交往中最闪亮的名片，只有高尚的品德和情操，才能赢得大家的尊重和爱戴，在人生的道路上也才能更加平稳地前行。

春秋战国时期著名的政治家管仲和鲍叔牙，两人之间深厚的友谊被称为"管鲍之交"。管仲年轻时和鲍叔牙一起做生意，赚钱之后，鲍叔牙知道管仲家里困难，总是多分他一些钱，而且绝不会认为管仲贪心。管仲帮鲍叔牙做事时，不一定件件都做得很好，但鲍叔牙不认为管仲愚蠢，而认为那是受客观条件所限；管仲做官被逐，鲍叔牙认为并非他人品不好，而是时机和运气问题。管仲曾深情感叹说："生我者父母，知我者鲍子也。"后来，鲍叔牙推荐管仲做了齐国丞相，帮助君王大力推行改革，使齐桓公成为春秋第一霸主。

鲍叔牙尊重朋友，关心朋友的感受，真诚待人，从而赢得管仲的尊重和信任。这就是他在管鲍之交中展现的名片。

"三人行，必有我师焉。"如果有人愿意与你交往，你的身上一定有着吸引别人的特质。可能是你待人礼貌，懂得尊重别人；也可能是你的学习成绩很好，能力很强，能帮助他人在学习上更上一层楼；还可能是你为人乐观，有一颗强大的心，时刻感染着身边的人。总之，你的一言一行，都会为你的社交打下基础，是被人信任、还是避之不及？就在这张为自己设计的社交名片里。

中国台湾当代作家、散文家林清玄相貌平平，但他从不因长相抱怨，反而经常拿自己的外貌开玩笑，用有趣的灵魂吸引他人。

在一次演讲中，林清玄坐下后，被高高的讲桌挡住了身子，台下听众发出了阵阵笑声。这时，他站起身来，笑着说："这桌子有点高！"接着，又对听众调侃道："为了让大家近距离欣赏我的'英俊帅气'，我要站到台下，接受大家雪亮目光的'洗礼'！"在场的人笑作一团，

有让人放心的能力，是你最好的社交名片。

为什么同学们都喜欢和小优玩呢？

她知识丰富，爱说爱笑，做事认真，还喜欢帮助人。

但林清玄没有生气，不仅用幽默化解了尴尬，还为自己争得了面子。

即使先天条件不如常人优越，林清玄也没有一味自卑，而是用乐观的心态将自己的不足化作特色，成就了别样的人生。他做人的洒脱与字里行间的智慧，给人以温暖人心的力量，这就是他最好的名片。

友谊是一种平等交换，在与同伴相处时，就是在向朋友展示自己的社交名片。只有通过努力让自己变得更优秀，当你站在高处时，自然有同样优秀的人与你同行。

成长课堂

* 成为更好的自己、发光的自己，就会有更多的人被你吸引，你自己就是最好的社交名片。

* 能够互帮互助、共同成长、互相尊重、彼此欣赏，这才是最好的朋友关系。

与赋能你成长的人在一起

> 小朋友，在你的成长经历中，一定有很要好的朋友，在你们相处的过程中，彼此之间会产生很多共同点。比如共同的爱好、共同的看法，也有共同的成长经历。如果是坏朋友，你也会习得一些不好的习惯；如果是好朋友，你会不自觉地变得越来越好！
>
> 正所谓"近朱者赤，近墨者黑"，交朋友一定要有所选择，要与那些能够赋能你成长的人在一起，这样你才会获得更多的进步。

同伴的力量是强大的，因此，在你的成长中，选择交什么样的朋友，与什么样的人朝夕相处，很大程度上决定着你今后的成长。交朋友时一定要选择那些令你感到轻松愉悦的、思想积极向上的、赋能你成长的人，他们会带给你正向、积极的改变。

切勿选择经常指责、贬低别人的人做朋友，他们往往会消耗你的时间和精力，阻碍你的成长和进步。

小马是个热爱足球的孩子，他的理想是成为一名优秀的足球运动员，但是他觉得自己的技术不够出色，体力也不够好，为此很沮丧。后来，他进入了学校足球队，认识了俊杰和小伟。俊杰是个技术高超的足球天才，而小伟则是一个拥有出色体力和毅力的人。

小马决定向他们学习，与他们成了好朋友。每天放学以后，小马都会和俊杰、小伟一起训练。经过一段时间的训练，小马的技术和体能明显提高，他和球队在足球比赛中取得了优异的成绩，得到了大家的认可。

要选择理想、目标契合，与自己追求一致的朋友，他们往往能够激励你克服困难，帮你养成良好的习惯。与志同道合的朋友相处，你还能发现自己的优势，看到自己的不足，与他们携手共同成长。

琪琪和小飞是一对好朋友，他们有好事经常一起分享，有困难一起分担。有一次，班里组织户外活动，没想到中途下起了大雨，琪琪没带伞，小飞就邀请琪琪和自己一起打伞。到学校之后，琪琪才发现自己身上是干的，而小飞的衣服却早已湿透，从此，琪琪在心里把小飞当作最好的朋友。

就是这样一对好朋友，最近却发生了矛盾。因为琪琪和小飞一起写作业时，琪琪遇到了难题，他思考了很久都不会解答，就想看看小飞的答案。没想到小飞竟然遮住了作业，不让琪琪看。琪琪非常生气，说："一点小忙都不帮，不够朋友！"小飞却坚决不给他看，还说等写完作业，可以给他讲。

回家后，琪琪想了很久，抄作业的行为本身就不对，小飞如果答应，并不是在帮他，而是在害他。想到这里，琪琪给小飞打了个电话，承认了自己的错误。他们又像以前一样要好了。

成长的过程中，保持怎样的姿态前行，往往跟身边的人有很大关系。那些优秀的朋友，他们优秀的品质、自律的习惯，还有出色的能力，都会为你赋能，让你耳濡目染，忍不住默默努力。

有句话说得好："想要像雄鹰一样振翅飞翔，就不能与大雁为伍，而要和群鹰同行。"

成功最大的捷径，就是和优秀的人一起成长。

成长课堂

*交友要有选择。要和喜欢你的人交朋友，要和聊得来的人交朋友。

*交友要懂分享。要和那些能够一起分享爱好、分享思想的人交朋友。

*交友要懂是非。朋友也不总是正确的，成熟的人要有自己坚定的是非观，不要轻易为了友谊而动摇价值观。

跟自己竞争，与他人合作

在人的成长过程中，离不开竞争与合作。它们似乎是一对冤家，无法互相结合。其实，竞争与合作是密切相连的。它们更像是一对连体兄弟，代表着两种不同的互动关系。

竞争能激发做事的动力和热情；而合作，则能使人友好相处，团结协作。既有竞争又有合作，我们才能突破孤军奋战的局限，实现双赢。

小朋友，先问你一个问题：如果五个人在山里遇到一只狼，他们该怎么办？是共同把狼打死？还是各自拼命逃跑？

如果做第一个选择，大家齐心协力，打败共同的敌人，都会活下来。如果做第二个选择，跑得慢的会被狼吃掉。为了不被狼追到，大家会拼尽全力提升速度，这就是竞争。

在人的成长过程中离不开合作，比如校园拔河比赛、运动会百米接力赛，这些都需要大家团结一致、精诚合作。没有哪个人能够脱离群体而单独存在，人与人之间需要互相帮助。个人力量是有限的，只有与他人合作，才能有面对困难的勇气和力量。

同样，无论是生活还是学习中，你也会面临着各种竞争：班干部竞选时，小明比你多一票当上了班长；学期总结时，小丽比你多得了一张奖状……竞争本身没有好坏，关键在于你如何对待竞争。

健康的竞争观念可以激发行动力，促进个人的成长和发展。不健康的竞争观念通常是把对手当作敌人，只关注击败他人，不考虑与他人合作。有些小朋友在团队项目中不愿与其他成员合作，而是想单独完成任务，只是为了证明自己比其他人更优秀。不如把与他人比变成跟自己比。经常问问自己，今天是不是比昨天进步了？这次的成绩是不是比上次提升了？最近又掌握了哪些新技能？……

小明非常聪明而有才华，他热衷于比赛和竞争，无论是学校考试、

只有团结合作才能一同战胜困难。

体育比赛，还是各种学科的竞赛，他都追求一次又一次的胜利。在一次校园歌曲比赛中，小明的对手是从小和他一起长大的好朋友李华，他们在各个方面都是劲敌，都想在比赛中获得第一名。比赛时，小明和李华的表现都非常出色，不过最后还是小明获得了一等奖。

看到好朋友李华失落的表情，小明忽然感觉胜利并没有想象得那么开心。虽然在领奖的一刻很开心，觉得自己出尽了风头。但比赛过后，心里竟然有一种空虚感和孤独感。小明的爸爸告诉他："比赢得比赛更有价值的是自己的进步，不如将精力放在自己的内在成长上。自己和自己竞争，不断努力提高自己的技能、知识和品质。"

从此之后，小明给自己设定了目标，争取每次考试都要超过自己之前的成绩。之前总是喜欢表现自我的他，开始教同学们唱歌的技巧，如何调整气息，如何降低喉头的位置等。全班同学共同努力，还获得了校园合唱比赛第一名。

在成长过程中，如果过分关注与他人的竞争，就会因为害怕失败而导致焦虑不安，让自己在无尽的竞赛中迷失自我。所以，不妨向小明学习，通过与自己竞争，促进个人成长。学会与他人合作，提高团队解决问题的能力。

在农村，有一个人和无数普通的乡村孩童一样，每天上山放牛割草，帮家里分担劳动。孩子都有好玩的天性，他在放牛时最大的烦恼是如何玩得好又不耽误放牛。一个人只有一双手和一个身体，撒欢玩的时候，就没办法好好放牛，放牛时就没办法好好玩。

他终于想到了一个办法，他把小伙伴们召集起来，一起去放牛。放牛的时候把所有人分成三组，一组人负责放牛，一组人负责割草，剩下的一组人负责摘果子。三组人负责的工作在第二天会调换，这样既不偏袒，也不会觉得枯燥。自从这样安排后，每天中午，孩子们就能把所有事情完成，还能把采摘来的野果平均分配。大家觉得这是一个既高效又有趣的放牛方法，都喜欢跟他一起去放牛。

当你与他人合作时，一定要讲究方法，可以从三个方面着手：第一，要让每个人都能发挥自己的专长和优势，这样才能形成良性互动、共同进步。第二，学会倾听和尊重合作方的意见，经常与他人沟通协调，增进信任。第三，培养自己的领导才能，参与团队中的大事小事，并试着做决策。遇到困难时，引领大家一起寻找解决问题的办法。

每个人都是在自我竞争及与他人的合作中成长的。通过自我竞争，不断挖掘自己的潜力，通过与他人合作，实现双赢和多赢。

成长课堂

*当你开始与他人合作时，要尝试让每个人都可以发挥自己的专长和优势，不断激发大家的创造力和思考力，一起找到更好的解决问题的办法。

*尝试在你的朋友圈子里发起一次小型活动，从中感受自己与朋友们合作的能力。比如号召大家一起来折飞机，号召大家来一次百米赛跑。

做点亮他人的太阳

> 小朋友，在你的成长过程中有没有这样的朋友，他似乎浑身都在发光，就像自带光芒的小太阳，闪耀自己，更照亮他人。
>
> 每个人都要努力做点亮他人的太阳，让身处黑暗中的人感受到温暖和力量。
>
> 努力让自己活成一束光，用自己的正能量、积极性、爆发力去影响他人。

在你的成长过程中，是否遇到过这样的朋友？他们充满善意、乐于助人，有着良好的人缘。他们就像小太阳一样，一言一行都给人温暖的力量，为我们的生活带来光明和希望。

小伟和小全就是这样的人。他们是好朋友，二人都是名副其实的"学霸"。小全是体育达人，打乒乓球是他的特长，而小伟嗜书如命，读到喜欢的书，根本走不动。他读喜欢的书时，就像美食家在尝一道美味菜肴，沉浸其中。

他们还是班级里的开心果，有他们在，班里总是充满欢声笑语。因为他俩就像说相声，一个捧一个逗，把同学们逗得前仰后合。他们不仅给同学们带来了快乐，而且还很会关心人。同学们遇到不会解的题、做不完的值日，甚至是生活上的困难，他们都愿意伸出援手。因此，他们很受同学们的欢迎。小伟和小全就像小太阳一样相互照亮，共同成长。与此同时，他们也温暖了其他人。

　　善良、乐观是人类美好的品质。当你付出善意帮助他人时，不仅能让自己感受到生活的美好和快乐，还能为他人的生活带来阳光和活力。

　　著名书法家王羲之，不仅书法登峰造极，还有一副乐于助人的好心肠。一天，王羲之在路上遇见一位贫苦的老婆婆，正提着一篮子六角形的竹扇在集市上叫卖，却没有什么人买。

　　王羲之看那种竹扇很简陋，没有什么装饰，于是就帮老婆婆在每把扇子上都题上了字。人们得知王婆婆卖的是书法家王羲之题过字的扇子

要像太阳一样耀眼，闪耀自己，点亮他人。

好难啊，不会做！

我可以帮你。

后，纷纷过来抢，一篮子竹扇很快就被抢购一空。老婆婆十分感激这位乐于助人的大书法家。

善良是一种品质，体现在对别人的关爱和无私的奉献上。善良的人像一个温暖的小太阳，总是不计回报、不图私利，只为给人带去温暖和快乐。在上述故事中，大书法家王羲之就像一束光，照亮了老婆婆的生活。我们也应向他学习，完善自己的品德，尽可能帮助身边的人。

那么，如何把自己活成自带光芒的小太阳呢？

首先，挖掘自己的光芒。思考一下，你在哪些方面是独特的，有哪些优点和特长。这些都是你的光芒所在。当你意识到了自己的价值后，你就有了照亮他人的能力。

其次，培养积极向上的心态，面对困难和挑战时保持乐观，带给伙伴们正能量，给予周围人积极的鼓励。

最后，将自己的光芒散发出去。有时候只需要付出一点小小的努力，比如一个微笑、一次拥抱，或者一句安慰的话，就能为他人带来帮助。

让我们一起努力，成为那个耀眼的太阳，照亮自己和他人的生活。

成长课堂

*每个人都有成为小太阳的潜力，只需要努力发现和成就。

*通过努力学习和积极探索，可以拓宽自己的视野，提升自己的能力，成为独立而自信的个体，闪耀自己，照亮别人。

第六章

强大心智，给身心
找一个栖息之地

一切难题皆有解决之道

导语

小朋友，在你的成长过程中，有没有面临过一些难题，比如学业压力、同伴关系不好等。面对难题，你通常会怎么解决呢？

其实，无论是取得成功还是应对难题，努力都至关重要。努力会给你勇气和力量，让你坚定地迎接挑战，所有困难自然能迎刃而解。

在成长过程中注定要面临无数的问题和挑战。有时候，问题看似无法破解，然而，你不能因此而放弃。愚公能移山，大禹能治水，只要你愿意付出努力，所有的难题最终都会被解决。

小朋友，你在成长的过程中，肯定会遇到各种问题和挑战。有时候是和好朋友闹矛盾，有时候是学习上遇到了难题。在面对这些问题时，你可能会感到困扰和无助。但是，不要担心，因为解决这些难题也是你成长的一部分。

很多难题经常在困境或紧急状态下发生，具有突发性、不确定性、紧迫性，所以，你要努力提升解决问题的能力，这样当难题真正发生时，才有能力应对。

　　"司马光砸缸"的故事，讲的是司马光小时候面对突发问题想出的解决之道。有一次，司马光和几个小伙伴在后院玩耍，有一个孩子特别淘气，竟然爬到一口大水缸上面，结果一失足掉进了大水缸里。这口水缸很深，里面盛满了水，小孩子个头小，眼看小伙伴就要被淹死了，有的孩子大哭起来，有的孩子吓得回去找大人帮忙。而司马光急中生智，从地上捡起一块大石头，使劲向水缸砸去，砸出一个大大的窟窿，水从缸里涌了出来，小伙伴因此得救了。

　　从故事可以看出，司马光有极强的随机应变能力，所以才在危急时刻解决了难题。这种能力不是凭空而来的，而是从小努力学习、勤于思

考得来的。努力可以全面提升你的能力，包括应变能力，给你带来应对突发危机的底气。

格林童话中《勇敢的小裁缝》，讲述了一位小裁缝勇斗巨人，解决生存难题的故事。小裁缝拥有一颗勇敢而机智的心，当他听说有个凶猛的巨人住在附近的山上，常常吞食经过的路人时，他决定挺身而出，解决这个难题。

他带着一些简单的工具来到了巨人的洞穴，看到巨人正在熟睡，就将一根线穿过巨人的鼻子，然后把线系在一棵树上，又在巨人周围布置了陷阱。当巨人醒来时，发现自己被困住了，努力挣扎又掉进了陷阱，最终无法逃脱。

即使是小小的裁缝，也能通过勇气、智慧和努力克服巨大的困难。无论面对什么样的难题，只要你能够保持冷静，认真分析问题，并努力付诸行动，最终你一定能够找到解决问题的办法。

其实，人生就是解决一个接一个的问题。世界上有很多名人，从科技巨擘到政治领袖，从娱乐明星到体育健儿，他们的一生都充满挑战和困难。但他们始终相信，一切问题都能找到解决之道。他们通过自己的努力，不仅解决了难题，还影响了整个世界。

中国著名作家张海迪自幼就严重高位截瘫，几次濒临死亡边缘，可是 20 多年来，她学会了 4 门外语，翻译了 16 万多字的外文著作，获得了哲学硕士学位，并自学了针灸技术，为群众治病 1 万多人次，对社会做出了巨大的贡献。

乔布斯作为苹果公司的创始人，是一个不折不扣的天才。但即便是这样的人物，也曾经一度被赶出自己创立的苹果公司。但是他没有放弃，而是坚持相信自己的创新理念，最终重返苹果公司并带领公司走向了新的辉煌。

　　各种挑战和困难就像生活当中最常见的调味剂，如果你想开心生活，就要有应对挑战的勇气。如同应对学习上的挑战一样，遇到难题不要退缩，要一遍遍尝试解决。不要害怕失败或者犯错，因为失败是成功之母，犯错也是成长的机会。当你积累了越来越多的成功经验后，内心也会更加自信，也更有能力解决问题，走出困境。

成长课堂

＊发展兴趣爱好，找到自己感兴趣的领域，并进行深入学习和实践，增强内在动力。
＊建立良好的人际关系，良好的人际关系可以在你困难时给予支持和理解。

成长：汗水与泪水的交融

小朋友，你一定有很多成长经历，这些经历伴随着汗水和泪水。比如，几年来坚持练习围棋，虽然很辛苦但也很快乐；几年来付出了很多努力坚持踢足球，却没有在比赛中获取奖牌，失败的那一刻，你非常惆怅，泪水不争气地流了下来。

当你为理想和目标而努力时，流下的汗水提醒你为此付出过。在通往目标的道路上，遇到艰难险阻和内心的纠结时，流下的泪水提醒你为此挣扎过。强者可以流汗也可以流泪，甚至流血。

在成长过程中，你会经历生活的酸甜苦辣，会产生各种各样的情绪，汗水和泪水交织成你成长的样子。

泪水和汗水，在你的人生中分别扮演着不同的角色。当你追求梦想和目标时，汗水陪伴你一起努力。当累到精疲力尽时，当遭遇失败感到失意时，当成功实现目标时，眼泪陪你一起惆怅或快乐。

从古至今，凡成大事者多数都勤勤恳恳地付出过很多汗水，最后才走向人生的成功。书法家王献之正是靠勤奋才成了著名的书法大家。王献之七八岁时开始学习书法，立志超越父亲王羲之。有一次，王羲之看他正聚精会神地练习书法，便悄悄走到他背后，突然伸手去抽他手中的毛笔，他握笔很牢，笔竟然没被抽掉。父亲夸赞他握笔姿势好，定能成大器。

王献之十来岁时，字已经写得很不错了，他把自己写的"大"字拿给父亲看，结果王羲之见他字体上紧下松，给他加了一点，并退还给他。他不服气，便拿给母亲看，母亲说："我儿写字千日，唯有一点似羲之。"他顿感羞愧不已，继续勤奋练习。

又过了一段时间，王献之问父亲，再练3年可好？父亲没有回答。又问3年可好？父亲摇头。王献之急了，再问究竟要多久？王羲之指着院内的一排大缸说，你只要把院子中的十八口大缸里面的水全部用完，就能练好字了。自此王献之勤奋练习，足足用掉了十八缸水，最终成了东晋著名书法家，被誉为"小圣"。

王献之练书法用掉了十八缸水，背后付出的汗水可想而知，正是因为他的持续付出，才取得了非凡的成就。如果只是空有一个超过父亲王羲之的想法，但在行动上不愿意付出努力和汗水的话，多年之后也只能哭着说自己如何不得志。

有一种叫作"不倒翁"的玩具，重心在下面，无论你怎么推它捅它，只要一松手，它立刻又会直立起来。人生也应这样，虽然你会不断经受磨难，但你要因此变得更加刚强。从失败经历中积累经验，远比从成功经历中积累的经验要多得多。强者就是倒下一百次，也要在第一百零一次站起来。坚持下去，无论什么难题都能解决。

1796 年的一天，在德国哥廷根大学，一位 19 岁的青年晚饭后开始做导师布置给他的三道数学题。像往常一样，前两道题都在两个小时之内做完了，但是第三道题却写在一张小纸条上，要求是用圆规和没有刻度的直尺作出正十七边形，这位青年解题时感觉非常吃力，想了很久都没有思路。

但是困难激起了他的斗志，他在心里面暗忖：一定要解答出来。他拿起圆规和尺子，在纸上一遍一遍地尝试画着，发现思路行不通时，又重新换个思路再画，就这样一遍又一遍，反反复复，他已经记不清楚自己画了多少次，废掉了多少纸。时间一点点过去，一直到窗口露出了一丝曙光，他才终于解出了这道难题。

当他把作业交给导师的时候，导师惊呆了，他颤抖着对青年说：

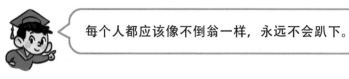

每个人都应该像不倒翁一样，永远不会趴下。

不倒翁真厉害，无论怎么推它，它总能站起来。

"你解开了一道有 2000 多年历史的数学难题，这道题阿基米德没有解出来，牛顿也没有解出来，我最近也在研究这道题，不小心把写有这个题目的小纸条夹在了给你布置作业的题目里，没想到你一晚上就解出来了。"这位青年就是数学王子高斯。多年以后高斯在回忆起这段经历时说，当时如果有人告诉他，这是一道有 2000 多年历史的数学难题，他不可能一晚上就解决它。

其实，正是因为没有提前预想这道题无法解决，高斯才有信心解决它，而且一晚上不眠不休，坚持不懈地一次次尝试。加上自 7 岁起，他就痴迷钻研数学，已经付出过无数次的努力，所以最终才能成功。

每个少年都是伴随着汗水和泪水一路成长起来的，每个人都会在汗水中变得更加强大，在泪水中变得更加成熟，品尝到酸甜苦辣等人生百味。

成长课堂

＊如果付出了很多汗水，但没有取得成功，你也不必妄自菲薄否定自己，不要盲目流泪屈服。不如把流泪的时间用来努力，用努力的汗水换取成功的勋章。

＊如果你没忍住哭了，那就痛痛快快哭一场，哭过之后记得再次充满力量。

每一次丢脸，都是一种成长

导语

　　小朋友，你是否有过一些尴尬或丢脸的经历呢？比如演讲时大脑一片空白，忘记要讲什么；带着全班的希望去参加比赛，结果输了……相信遇到这些情况时，你会对自己的行为感到丢脸。

　　当你感觉丢脸时，通常是经历了挫折或失败。人生中有太多的失败和挫折，如果能在挫折和失败后反思，认识到自己的不足和成长潜力，就能找到解决问题、取得进步的办法。

　　失败、挫折，是一种成长经历。不必害怕，也不必为此感到羞耻，调整心态勇敢面对，它们都会成为你走向优秀的基石。

　　小朋友，在你的成长过程中，一定有过很丢脸的经历。因为当时太尴尬，所以被深深地印在了脑海里，甚至多年之后想起来，还会感觉脸上一阵灼热。

　　感觉丢脸时，你会反思存在的问题和造成错误的原因，从中吸取经验教训，并努力尝试改变。所以丢脸是有利于一个人的成长的，一个善于从尴尬或失败中总结经验的人，才是真正的强者。

　　小佳是一个自卑的女孩，无论什么事都不敢尝试，也不敢正视自己的缺点。后来经历了一次丢脸的事，她才意识到成功并不难，关键是做好心理准备。

　　一周前，她代表班级参加一次演讲比赛。虽然那不是特别大型的比赛，但她依然感到紧张。比赛那天下午，她拿着演讲稿，站在台上，忍不住浑身发抖，久久说不出话。台下的观众是一副不耐烦的样子，她当时已经想弃权了。

　　可是她内心又充满了矛盾，一方面她觉得既然上来了，一句没讲就下去，那不是很丢脸吗？另一方面又觉得如果讲了没得奖，那不是更丢脸吗？但最终她还是硬着头皮讲了。讲完之后，没有掌声，也没有名次，但是不知为什么，她反倒不觉得丢脸了，而且有那么一丝开心，因

每一次丢脸，都是一种成长。

这是我人生第一次当众演讲，很开心，因为我战胜了自己的胆怯。

为她战胜了内心的恐惧和自卑。

从此以后，再遇到困难时，她就会想起那天演讲的事，然后浑身充满力量，鼓励自己勇敢去做。大不了再丢一次脸，没什么可恐惧的。

丢脸是一种成长经历，失败更是走向成功的路径。失败并没有什么大不了的，关键是你要珍惜失败带给你的成长经验，总结教训，走好下一步棋，才能为获得最终的胜利布好棋局。

侯逸凡是一位国际象棋特级大师，2003 年进入中国国际象棋队，2010 年成为历史上最年轻的世界棋后。很多人只看到她笑傲沙场的一面，却不知道这样天才级的棋手也有过"丢脸"的经历，遭遇过几次惨败。

那是 2012 年世锦赛，当时实行淘汰赛制，被寄予厚望的侯逸凡在第二轮就早早出局。这一结果让所有人感到震惊。连侯逸凡自己也没有想到会出现这样的状况。自此之后的一段时间里，侯逸凡的战绩都不理想。

2013 年，侯逸凡又参加了国际棋联世界女子大奖赛，作为赛会头号种子，她再一次落败，创下了自她参赛以来的最差战绩。

在父母、老师、朋友的关心和鼓励下，侯逸凡调整自己的心态，最终走出了低谷。同年，19 岁的她成功夺回世界棋后头衔，成为象棋界最年轻的"三冠棋后"。

事实证明，失败是最好的老师，丢脸是另一种成长。在失败中获得的经验和教训，有时比在成功中获得的更真实和深刻。只有经得起失败、不怕丢脸的人，才会成长为了不起的人。

所以，把每一次失败都当成一次实战练兵，能够看淡失败和丢脸的人，最终才能走向成功。

*如果你想干一份新的工作，最好准备50％的时间用于失败和丢脸。而每一次失败和丢脸都有独特的价值。

*每一次丢脸都是一次成长，不要害怕丢脸，要勇于面对挑战，并从失败中吸取教训，努力坚持追求自己的梦想，终会梦想成真。

接纳不足，
是强大自己的开始

导语

　　小朋友，你是不是有过这样的经历：总是对自己很挑剔，觉得自己个子不够高，皮肤不够白，学习不够好，不够聪明，认为自己天生卷发非常凌乱……总之，每天总是不停地挑剔自己，因此每天都不开心。

　　世界上没有完美的人，每个人都有这样或那样的不足，每个人也都有不同的优点。多看自己的优点，接纳自己的不足，你才会更加自信，才有更多的精力和动力让自己变得更好。

　　真正强大的人，会发自内心地喜欢自己，做任何事情都对自己充满自信，也会更容易成功。

　　世界上没有完美的人，每个人都有这样或那样的不足。你有缺点，别人也有缺点，不必因为自己的缺点而自卑，也不必因为自己的优点而自大。无需与他人对比，只需自己努力成长，成为更好的自己。

　　小舞性格内向，体型微胖，也不爱运动。就因为这一点，妈妈没少说她。由于体型的原因，她有点自卑，平时见到老师、同学从不不主动问好，而是假装没看见，快速避开，这也导致小舞在学校里没什么朋友。

后来妈妈就把小舞送到培训班去锻炼，刚到培训班的时候，老师问她什么，她都不吭声，有时候被老师问多了，她就躲到一边哭。有一次，她要参加少儿舞蹈比赛，妈妈给她报了名。到了比赛那天，小舞非常紧张，呼吸都变得急促，手心里全是汗。但当听到报幕员说到自己的名字时，她还是硬着头皮上台了。她越跳越自信，还取得了不错的成绩。当真正跳完的时候，她才发现其实并没有什么可怕的，那些恐惧的

那些不完美的地方，只要积极悦纳，善加利用，都会变成自己独特的闪光点。

谁说胖女孩跳舞不好看！

事是自己想象出来的。从此之后，小舞变得自信开朗、乐观向上，她的朋友也逐渐多了起来。

每个人都有缺点，没有什么好自卑的。要学会喜欢自己，接纳自己的不足。当你开始接纳自己的不足时，你会变得更加强大，也会吸引更多人的尊重和赞誉。

能充分接纳自己长相上不足的人，往往非常自信。而自信的人，往往更容易实现目标，学习上也容易取得好成绩。面对困难和挫折时，他们的内心更强大，更容易保持快乐和幸福，未来也会有更好的成长和发展。

接纳自己的不足是一个长久的过程，需要坚持和耐心，不要因为一时的困难而放弃，要始终保持积极的态度，并持续努力向目标前进。那么，如何接纳自己的不足呢？

首先，不要责备自己。我们常常是自己最大的批评者。当你开始觉得自己不够好，想批评自己时，尝试不去理会那些负面的声音，而是进行积极的自我对话，像朋友一样，鼓励和安慰自己。

其次，试着真诚地夸奖自己。无论你的优势是什么，都可以把它们写下来，真诚地夸奖自己。每当你开始自我怀疑的时候，就可以大声朗读自己的优点，为自己建立自信。

最后，学会接受人生中的遗憾。人生是复杂多变的，我们无法掌控一切，有时事情可能不会按我们的意愿发展。接受人生中的遗憾，我们才不会一直沉浸在过去的失误中，而是从中获取经验教训，让自己更好地成长。

爱因斯坦说过："人生就像骑单车，想保持平衡就得往前走。"每个人都希望自己强大，以便应对各种困难和挑战。而强大自我的前提是懂得接纳自己的不足，并全心全意地喜欢自己。当你做到无条件接纳自己时，你会变得更加强大。

* 接纳自己的不足是强大自己的第一步。只有接纳自己的不足，才能在解决问题的过程中变得强大。
* 列出自己的优点和缺点，加深对自我的了解，多自我肯定，学会正向看待自己的失败和挫折。

屡战屡败的死敌是屡败屡战

> 　　失败是通往成功的必经之路。那些看起来很成功的人，他们不是没有失败过，而是在屡战屡败中找到了力量。
>
> 　　还记得你第一次学跳绳的情景吗？一开始没办法完整地跳成 10 个，但是经过练习之后，终于达到了目标。你不断增加难度，直到可以跳 20 个、30 个……
>
> 　　把一件事的终点设为"败"，屡战屡败只会挫伤你的锐气。把一件事的终点设成"战"，屡败屡战展现的是勇气和毅力。做任何事情，你只要敢于"战"，必定能走向成功。

　　在追求成功的道路上，我们常常需要经历失败与挫折。然而，失败并不代表终点，而是通往成功的必经之路。通过从失败中吸取教训、调整策略、坚持不懈，我们才能够迈向更大的成就与成功。

　　水池里生活着一条蛇和一只青蛙，有人用玻璃把它们隔开了。一开始蛇想吃青蛙，它一次次冲向青蛙，却一次次撞到了玻璃隔板上。反复多次之后，蛇放弃了努力，不再朝青蛙冲去。这时，玻璃隔板被抽掉了，对于蛇来说，千载难逢的机会来了，可是它却再也不想吃青蛙了。

蛇因为一时的失败而失去了信心，后边即使有了机会，它却没有勇气抓住。在一个人的成长中，也会充满各种困难和失败。在屡战屡败之后放弃的是失败者，坚持下去的才是最终的胜利者。

中国古代历史上有名的楚汉战争，历时近 4 年。在这个过程中，面对擅长带兵布阵的西楚霸王项羽，刘邦几乎是屡屡败退。

在彭城之战中，项羽带领三万精锐骑兵，一路长途奔袭，在极短的时间内直捣刘邦的彭城。刘邦完全没有料到项羽这支军队的出现，被杀得全军覆没。连刘邦的妻子、父亲都被项羽所擒。

在荥阳之战中，刘邦被项羽切断粮道，士兵哗变溃逃。刘邦最后身边只剩下了几十个骑兵逃走。

屡战屡败，你会放弃；屡败屡战，你会越战越勇！

刚才连输两局，你还有胆玩吗？

有什么不敢的，看谁笑到最后！

在成皋之战中，刘邦则被项羽困在了成皋城里，和夏侯婴悄悄挤一辆车才逃出去。

项羽好几次把刘邦打得丢盔卸甲，尽管如此，刘邦依然屡败屡战。他从每一次失败中总结经验教训。支持刘邦的人越来越多，刘邦的整体实力变得越来越强，终于在最后一次决战中，一举击败了项羽。项羽在垓下被围，最后突围到乌江边选择自刎。

刘邦之所以能够获得最后的胜利，是因为他着眼于夺取天下，不计较眼前的得失。他的每一次败仗都在为最后的胜利做积累，每一次失败都是迈向最后胜利的一个台阶。

所以，无论遇到任何困难，如果把最后一步放在"败"上，事情的结果都是失败，你会慢慢地丧失信心和希望，认为自己就是个失败者；如果着眼于"战"，你会拥有战的勇气，最终一定会走向成功。所以，成功在于拿出屡败屡战的精神，相信自己，成功自然会悄然而至。

成长课堂

＊每一次失败都是在积累经验，拿出屡败屡战的精神，才能走向最后的胜利。

＊屡败屡战是一种不屈不挠的顽强精神，屡战屡败是一种对自我的失望和不自信，所以你选择什么，就会看到什么。

第七章

与优秀互为因果，小勇士的驱动式成长

别找了！成功没有速成法

> 小朋友，你是否想拥有某种超能力，可以让自己快速成为学识超群的人，不用寒窗苦读，就能迅速实现目标和理想？
>
> 人人都向往成功，可成功不是偶然而来的，也不是能快速实现的。如果有任何人告诉你，有一个速成的成功法，你要谨慎听取，有可能只是镜花水月，一场空欢喜。任何形式的成功，都需要付出持久的努力、大量的时间以及马拉松式的坚持。

小朋友，当你看到其他小伙伴熟练地弹奏着钢琴，或者在篮球场上运球如飞的时候，你是不是会心生羡慕？你可能会想：如果我能达到那种地步就好了。你甚至还想拥有童话中的魔法，让自己一下子成为钢琴公主或篮球王子，成为别人羡慕的对象。

事实上，能让自己一下子拥有某种本领的魔法只存在于动画片或童话中，现实中是根本不存在的。

马尔科姆·格拉德威尔，加拿大人，是著名的作家和记者。他善于观察，尤其是观察那些成功人士，并不断加以分析。在 2008 年，格拉德威尔出版了一本名叫《异类：不一样的成功启示录》的畅销书，获得了广泛关注和好评。

这本书探讨了成功背后的因素，并提出了一个著名的定律——一万小时定律。

格拉德威尔在书中分析了许多成功人士的成功之路，发现他们都有一个共同点：在取得成功之前，他们都经历了长时间的刻意练习。他认为，一万小时是一个门槛，只有通过这个门槛，才能真正掌握一项技能或能力，并成为该领域的精英。

马龙，这个名字在中国乒乓球界如雷贯耳，他以出色的球技和稳定的心理素质成了中国乒乓球的一面旗帜。他的成功并非偶然，而是经过了长时间的努力和坚持，用实际行动践行了"一万小时定律"。

马龙从小就对乒乓球产生了浓厚的兴趣，为了能成为一名优秀的乒乓球运动员，他投入了大量的时间和精力进行训练。长时间的训练和比赛对任何人来说都是一种巨大的考验，但马龙却坚持了下来。他的努力没有白费，通过一次次的比赛和训练，他逐渐积累了丰富的经验，并在技术上不断突破自我。

马龙深知，在乒乓球这个领域，要想成为顶尖的运动员，必须具备全面的技术能力和过硬的心理素质。因此他在训练中不仅注重技术的磨练，还注重自身心理素质的提高。他通过反复的练习和反思，逐渐形成了自己独特的打法和风格，使自己在比赛中能够保持冷静并应对各种情况。

马龙的成就不仅仅是个人的荣誉，更是中国乒乓球的骄傲。他的成功经验也印证了一个道理：成功需要长时间的积累和实践。只有通过不断的努力和坚持才能取得优异的成绩。

一万小时定律除了适用于竞技体育领域，也适用于其他领域。比如，在音乐领域，许多著名的钢琴家和小提琴家都是通过长时间的刻意练习和坚持不懈的努力才成为大师的。同样，在编程领域，许多优秀的程序员也是通过长时间的实践和学习才成为编程高手的。

在如今的时代，"快"几乎成了这个社会的一个重要标签，人们吃饭喜欢"快餐"，喜欢在网上购物，就连想在某方面获得成功也想速成。

为此，各种各样的速成班如雨后春笋般出现，这些速成班宣称能让人在短时间内掌握大量的知识或学到某种技能，方法通常包括"记忆秘

人生，从来就没有一蹴而就的成功。保持热爱并全力以赴，时光不会怠慢每一个执着的人。

诀""学习技巧""速成课程"等。

不可否认，这些方法有时候能让人快速熟悉、了解某方面的知识，可以作为入门课或启蒙课，但如果想达到成功的目的，这些方法往往没有科学依据，甚至违反了学习规律。

有些人只图一时之快，喜欢找捷径，他们看起来很聪明，其实是不务实。就像盖楼房一样，如果只求速成，地基没有打牢固，一旦遇上恶劣的天气，楼房就会倒塌。

成功没有一蹴而就的速成法，需要我们付出长时间的努力。辛苦过，才能收获成功的重量；付出过，才能得到成长的喜悦；坚持过，才能到达成功的彼岸。

* 种子刚种下，并不会发芽。凡事都需要一个过程，只要认真对待，持续努力，期待的结果一定不会差。
* 在追求理想的路上，保持耐心深入研究，用坚强的毅力坚持下去，事情终究会走向成功。

所有成就
都是苦心练就的结果

导语

　　小朋友，你通过电视或网络看到过运动员或艺术家在舞台上的精彩表演吧，你看到的是他们十年如一日持续努力才取得的成果。"台上一分钟，台下十年功"绝非妄言。

　　书法大家王羲之7岁开始练习书法，几十年如一日从不间断。甚至走路时都会边走边在衣服上练字，时间久了连衣襟都被划破了。正因为付出了这样的努力，才有了后来的笔笔刚健、字字如飞、入木三分。

　　没有谁能随随便便艳惊四座，没有谁不付出努力就能过目不忘。踏踏实实走好每一步，你才有在众人面前闪亮登场的实力。

　　小朋友，你看在杭州举行的亚运会了吗？在运动会中，我国的运动员取得了优异成绩，再一次向世界展示了我国的体育成就。当然，这些成就的取得也离不开体育运动员们的奋勇拼搏，这些成绩是他们用汗水换来的。

在这些运动员中，大家肯定对林雨薇印象深刻。

林雨薇从小就对跨栏运动有着浓厚的兴趣，在上中学时，遇到了一个非常欣赏她的老师，这个老师为她提供了帮助。林雨薇参加了很多比赛，实力也逐渐展现。上高中后，她的身体条件并不是很好。但是，她并没有放弃，她相信只要努力，就一定会有所收获。

为了提高自己的跨栏水平，林雨薇每天都要进行刻苦的训练。她早上起床后，先进行一些基本的体能训练，如跑步、仰卧起坐、深蹲等，以增强自己的身体素质和耐力。接着，她会进行跨栏训练，包括抬腿、摆臂、节奏训练等，逐步提高自己的跨栏技术和速度。在下午和晚上，她还会进行一些辅助训练，如柔韧性练习、核心力量训练等，以帮助自己更好地完成跨栏动作。

林雨薇也经历了很多挫折和困难。在比赛中，她经常会受到对手的干扰，也有一些技术失误，导致成绩不理想。但是她从不放弃，总是坚持训练和比赛，不断地调整自己的状态。

林雨薇的努力并没有白费，她的跨栏水平逐渐得到了提高。而这些日常的苦心练习，最终奠定了她的冠军之路。

成功从来都不是一件容易的事情，它需要我们付出艰辛的努力，克服重重的困难。这个过程就像运动员的日常练习，一遍遍重复同样的动作，不断挑战自己的身体极限一样。

不断练习是提高技能和能力的关键。熟能生巧，不仅适用于各种行业和领域，也适用于个人的成长和发展。通过反复练习，可以提高自己的技能水平，增加经验和专业知识。这种积累的过程虽然艰辛，但它是

所有成就的基础。没有长时间的苦心练习，就不可能达到巅峰状态，更不可能获得成功。

2022 年，航天员邓清明用二十几年的坚守换来了他与太空的第一次交会。邓清明 3 次被任命为预备航天员，都没能如愿进入太空。虽然他多次与梦想擦肩而过，但是他没有抱怨，也没有放弃，而是依旧坚持。

直到 2022 年，他才进入"神舟十五号"载人飞船行乘组，这一年他已经 56 岁，终于可以乘着"神舟十五号"飞入太空了。这个机会不是等来的，而是持之以恒地训练得来的。正如他自己所说："我宁愿做一块默默无闻的基石，也绝不容忍自己在号角催征时，还没有准备好。"

对于你而言，还有很多时间去追求自己的梦想，你要努力时刻准备着。你可以从小事做起，每天进行练习，不断锻炼和提升自己的技能。这样当梦想召唤你时，你才能准备就绪，马上起航。

当然，这里所说的练习，并不是盲目地重复同一件事情。在练习过程中，你需要记录下练习过程和心得体会，不断反思和总结，找出自己的不足和问题，并及时纠正和改进。

在开始练习前，你还需要明确自己的目标，并确保这个目标是具体、可衡量和可行的。比如像林雨薇那样，把自己的目标定位于一名跨栏运动员，而不是泛泛地定位于一名体育运动员。

苦心练习还要保持自律。偷懒是通往成功路上的最大阻碍之一，而自律可以帮助你克服拖延症和懒惰的习惯，让你更加专注地朝着目标前进。

成长课堂

*没有起不来的早晨，没有背不下来的课文。懒惰和放弃会成为实现目标的绊脚石。当你很累时，停下来告诉自己，再坚持一下就好了。

*宝剑锋从磨砺出，梅花香自苦寒来。那些取得成就的人之所成功，是因为他们平时总在勤学苦练，冲破了重重难关。

越努力越优秀，越优秀越努力

导语

　　小朋友，你们是不是发现了这样一个现象，那些学习好的同学，他们的成绩已经非常优秀了，可是在平时，其他小朋友们在欢乐地玩耍时，他们还在努力地学习，这样做的结果是，他们越来越优秀。

　　所以，人们总是说，越努力越优秀，越优秀越努力，它表达了一种正向的循环关系，即通过不断的努力和追求，人们可以变得更加优秀，而这种优秀又会激发人们更加努力地追求更高的成就。

　　袁隆平曾经说过："人就像种子，要做一粒好种子。"众所周知，袁隆平是中国农业科学家。虽然他在农业方面有非常卓越的成就，但他从来没有停下奋斗的步伐，正是因为他的努力才造就了他辉煌的一生。

　　在这个世界上没有什么东西是从天而降的。一个人之所以会变得优秀，是因为他比别人更加努力，这种努力不仅包括在知识和技能方面的学习和实践，还包括在态度和精神方面的积极进取。通过不断挑战自己、克服困难和持续改进，可以逐渐提高能力和水平，进而成为更加优秀的人。

袁隆平被誉为"杂交水稻之父"，他用自己的科学知识成功研制出了新型水稻，解决了中国亿万人口的温饱问题。袁隆平还是"共和国勋章"的获得者，他把一生都奉献给了杂交水稻事业，这种精神实在难能可贵。

袁隆平很早就开始研究水稻了。早在 1960 年 7 月，他发现了一株特殊性状的水稻，这启发了他对杂交水稻的研究。经过不断的探索和研究，他发现了水稻的雄性不育性，这是实现杂交优势的关键。

在接下来的几年中，袁隆平及其团队进行了大量的试验和研究，以探索如何利用雄性不育性来实现杂交水稻的生产。他们进行了数百次的试验，最终于 1964 年成功地育成了第一代雄性不育株的种子。这是杂交水稻研究中的重要突破，也为杂交水稻的商业化生产奠定了基础。

随后，袁隆平及其团队继续进行研究和开发，不断优化和改进杂交水稻的品种和生产技术。经过不懈的努力，他们成功地开发出了第一代杂交水稻品种，并首次实现了杂交水稻的商业化生产。这一成果被誉为"第二次绿色革命"，为全球粮食安全做出了重要贡献。

袁隆平在杂交水稻领域的成就已经非常卓越了，然而，他并没有止步于此，而是一直在探索和研究，希望能够进一步改良和提高杂交水稻的产量和质量。他不断优化杂交水稻技术，先后研发出了"两系法"和"超级杂交稻"等技术，使得杂交水稻的产量和质量都得到了进一步的提高。

一般来说，当一个人在某个领域或技能上达到一定的水平后，他会感到自己在这个领域有一定的价值和成就。这种自我价值感会激发他们

别在吃苦的年纪"躺平"，时间不会亏待你。

坚持早起的习惯，比别人拥有更多学习的时间。

的自尊心和自信心，从而更加努力地追求更高的成就和进步。

古希腊哲学家芝诺的学生曾经问过他："老师，你学识渊博，知道的事情那么多，为什么还经常怀疑自己的答案呢？"

芝诺回答说："人的知识就像一个圆，圆圈内是已知的，圆圈外是未知的，你知道的越多，你的圆圈就会越大。圆的周长也就越大，于是，你与未知接触的空间也就越多。因此，虽然我知道的比你们多，但不知道的东西也比你们多。"

越优秀的人，越能看见自己的缺点。所以他们永远在学习，永远在努力弥补自己的短板，增强自己的长处，复盘以往失败的经历，希望下次能做得更好，因此，强者恒强。

"越努力越优秀，越优秀越努力"是一种积极的生活态度和价值观。它鼓励我们不断追求进步和优秀，同时也提醒我们要保持谦虚、开放的心态，通过学习和实践、努力和创新，成为更加优秀的人，早日实现梦想和目标。

成长课堂

＊想成功又不自律？你必须叫醒那个颓废的自己，减少看电视、玩手机的时间。

＊越努力的人越优秀，越优秀的人越努力，这种良性循环会带来源源不断的动力，推动我们走向更高的目标，成就更加优秀的自己。

去扩展你能力的边界吧

导语

　　小朋友，你为什么而努力？为了考100分？为了考一所好学校？那些都只是一种外在形式。努力其实是为了让自己更有能力，以应对生活中的挑战和困难，让生活变得更美好。

　　每个人的能力，在一定程度上是有上限的，但又有一定的发展性。只要你保持努力学习，不断打破舒适区，不断挑战自己的极限，就可以突破自己能力的边界，成就更好的自己。

　　约翰·列侬是英国摇滚乐队披头士的成员之一，他在音乐领域取得了巨大的成功。然而，他的影响力远不止于此。在披头士时期，列侬和保罗·麦卡特尼合作创作了许多经典的歌曲，如《Let It Be》《Yesterday》等。这些歌曲不仅在音乐界取得了巨大的成功，也成了流行文化的重要组成部分。

　　然而，列侬并没有止步于此。在音乐领域取得成功之后，他开始涉足电影、写作和艺术等领域。他执导并主演了电影《一夜狂欢》，并在这部电影中展现了自己的表演天赋。此外，他还发表了多本诗集和画集，展示了他在文学和艺术领域的才华。

通过扩展自己的能力边界，列侬在多个领域取得了突破。他的音乐作品成了流行文化的经典，他的电影作品展示了他的表演天赋，他的文学作品和艺术作品展现了他在不同领域的才华。

对于成长中的你来说，只有不断学习和扩展自己的能力边界，才能更好地适应社会的发展和变化，为未来取得成就奠定基础。

特斯拉是一家世界知名的电动汽车及能源公司，在当今的知名度上，可以和微软、苹果等公司媲美，但是成立时间却比前两个公司短得多。当然，特斯拉的成功离不开其现任首席执行官马斯克的功劳，而马斯克的成功，则离不开他不断扩展自己的能力边界。

马斯克小时候对计算机编程产生了浓厚的兴趣，他自学了编程，并在 12 岁时开发出了一个游戏软件，这个软件卖了 500 美元。在大学期间，马斯克主修了经济学和物理学。在获得学位后，他也没有停止

熬过最痛苦的一段时间，你就会变更强，你的能力也会升级。

感觉快要坚持不下去了，还有最后 1 公里，坚持再坚持！

学习，而是选择继续在物理学领域深造。

在创业过程中，马斯克不断扩展自己的能力边界，他不断学习新知识，因此不仅具备了领导力和管理能力，还对产品设计、生产制造、市场营销等方面有着深入的了解。因此后来，他不仅让特斯拉成了全球知名企业，还创办了 SpaceX（太空探索技术公司）、Neuralink（美国神经连接公司）等多个高科技公司，让人们看到了科技的力量。

那么，该如何去拓展能力的边界呢？

首先，可以通过参加各种活动、阅读不同领域的书籍或与不同背景的人交流来拓宽自己的学习领域。这有助于了解更多的事物，培养更广泛的兴趣爱好，增强自己的综合素质。

其次，在遇到问题的时候，可以不断地尝试采用新的方法和思路。创新思考可以帮助你找到更好的解决方案，提高自己的创造力和创新能力。

成长课堂

＊通过主动学习新知识、新技能，不断扩展自己的能力范围。主动尝试了解新领域，挑战舒适区，才能发现自己潜藏的能力。

＊勇于接受挑战，积极应对困难和困境，这是成长和学习的关键，也是扩展能力边界的关键。

突破极限，功夫到家自然水到渠成

导语

　　小朋友，你是否遇到过这样的烦恼：考试成绩总是徘徊在及格线，不能再提高一点；跳远成绩永远停留在某个长度，不能跳得再远一点。

　　你也一定听过铁杵磨成针的故事。故事讲述了一个老奶奶，她每天都在磨铁杵，希望能够将其磨成一根绣花针。尽管周围的人都认为这是一个不可能完成的任务，但是老奶奶坚信，只要她坚持不懈地磨下去，总有一天能够成功。

　　事实上，面对极限的挑战，我们也没有别的方法，只有下苦功，功夫到家了，自然水到渠成。

　　小朋友，你一定知道谷爱凌是谁吧？她被人称为"青蛙公主"，是国际雪联第一位自由式滑雪女子 U 型场地大满贯，也是中国首位在世界极限运动会夺金的运动员。

　　谷爱凌这些成就的取得，首先来自其敢于不断突破自己，挑战自己的极限。

　　比如倒滑转体，这是一种高难度的滑雪动作，要求运动员在向后滑动的过程中进行转身，完成 180 度或 360 度的旋转，这个动作的难度非常高，尤其是转身时，需要用力扭动腰胯，将身体完全翻转过来，同时保持脚下的稳定和滑行的连贯性。这是一个许多运动员都不敢尝试的动作，但谷爱凌毫不畏惧，勇于挑战，最终掌握了技巧。

偏轴转体 1620 度是另外一种高难度的自由式滑雪动作，偏轴是指身体与滑雪板之间的角度，而 1620 度是指在空中旋转的圈数。这个动作需要运动员具备极高的技巧和身体素质，在奥运会中，从来没有人成功完成过。

但是在 2022 年的冬奥会上，谷爱凌却向其发起了挑战。第一轮：谷爱凌以 93.75 分暂列第二，在第三轮中，谷爱凌以向左偏转双周偏轴转体 1620 度加安全抓板的高难度动作，稳稳落地，最终得到了 94.5 分的高

在一切更好之前，你总有一段需要耐心等待、不断积蓄的时间。

尽管速度有点慢，步子有点小，但我是在往前走的！

分，获得了冠军。

谷爱凌之所以能够成功挑战极限，得益于她在训练中的刻苦努力和积累的经验。她从小就对滑雪有着浓厚的兴趣，并通过长期的训练和反复尝试，逐渐掌握了各种高难度动作的技巧和要点。此外，她还注重身体素质的锻炼，通过力量训练、平衡训练和灵活性训练等，不断提升自己的体能和技能水平。

与谷爱凌类似，中国田径运动员苏炳添也是通过日常的努力，不断地突破自己的极限，最终取得了令人瞩目的成绩。

2011 年 9 月，苏炳添在全国田径锦标赛暨伦敦奥运会达标赛男子 100 米决赛中，跑出了 10 秒 16 的成绩，打破了全国纪录。2013 年，他把这个时间缩短了 0.1 秒，距离突破 10 秒大关仅有一步之遥。2015 年 5 月，在国际田联钻石联赛美国尤金站的比赛中，他跑出了 9 秒 99 的成绩，成为在正常风速下第一个跑进 10 秒大关的亚洲本土选手。

在苏炳添的职业生涯中，他经历了许多困难和挫折。他曾经因为伤病而状态下滑，甚至一度失去了参加国际比赛的机会。然而，他并没有放弃，而是通过坚持不懈的训练和努力，重新找回了自己的状态。

在追求梦想的过程中，需要不断努力、积累经验和提高自己的能力水平。只有通过不断的努力和坚持，才能不断地突破极限。

对于成长中的你来说，突破极限有着重要的作用。突破极限可以发现自己的潜力和能力，在困难面前更加坚强、有韧性，更好地应对未来的挑战。

当然，下苦功也需要一些技巧。

在下苦功之前，需要明确自己想要突破的极限是什么，然后设定一个具体、可衡量的目标。

为了实现这个目标，需要制订一个详细的计划，包括每天、每周需要做什么。坚持执行计划，即使遇到挫折或困难也不要轻易放弃。

另外，不要一下子就尝试突破自己的极限，而应逐渐增加挑战的难度和复杂性。每次成功后，给自己一些奖励，以便保持积极的心态。

成长课堂

＊人生路上要想有所建树，就得先沉住气、静下心，在孤独中学会坚守。总有人走得比你快，不必在意，也不必慌张，按照自己的节奏，全力以赴就好。

＊突破自己的极限，跳出自己的舒适区，接触具有挑战性的任务，才能不断突破自身的能力边界。

第八章

努力不是一时的
事，而是一生的事

无需过度透支，但求尽力而为

导语

　　小朋友，你一定有过为梦想而拼搏的经历吧！有人为了把一件事做得更好，会废寝忘食，以牺牲休息和健康为代价。虽说这样的拼搏精神值得称赞，但结果未必好。因为有时过于用力，反倒无法走远。

　　任何成功和目标的实现，需要的都是长期的努力和持久的动力，如果用力过猛，太关注结果，就会扼杀你的兴趣，没多久你就会失去动力，不想再努力了。

　　要想实现理想和目标，竭尽全力就好。眼光放长远，累了要休息，这样才有源源不断的动力，才能真正实现目标。

　　成功是通过每天的自律、毅力和努力来实现的，它是一种习惯，而不是一时的行为。

　　未必所有的努力都是好的。努力如果过于用力，就会导致身心疲惫和压力过度，从而无法保持持续的动力，最终无法实现长远目标。

　　一向品学兼优的小俊，为了冲刺中考，常常学习到深夜，即使宿舍关灯了也要打手电筒看一会儿书。他一直想着学习，结果翻来覆去睡不着，导致白天精神不好，听课不能集中精力，学习效率很低，一度出现了神经衰弱的症状。

他曾经以为自己不如别人聪明，那就要比别人更努力，只要努力就一定有好结果。后来他终于明白了，用力过猛的努力，并不一定能有收获。挤压休息时间换不来好成绩，保持精力才是最重要的。

关于学习，可能你也发现了，班里那些成绩好的人，平时不是很努力，但成绩就是很好，因为他们懂得把精力集中用在课堂上，上课时理解透了，课后做练习就不用花很多时间。

每年高考成绩出来后，都有高考状元分享学习经验或学习方法，你会发现他们有个共同点，都擅长安排时间。

努力需要尽力而为，少一点叫努力不足，多一点叫过度透支。

有些学生看过凌晨三点的月亮，但未必进得了心仪的高等学府。天道酬勤固然是对的，但只有松弛有度，才会得到更多的"酬"。靠着蛮力感动不了分数，只会辜负自己。

当你过度用力，过分专注于某个目标或任务时，可能就会忽视其他重要的方面，导致错失更广阔的发展空间；当你过度用力，没办法保持平衡时，会导致过度劳累，影响身心健康，甚至可能引发疾病，从而限制你的长远发展。

当然，如果你总是浅尝辄止，努力不足，同样没办法实现自己的长远目标。因为努力是成功的重要组成部分，只有努力才有可能实现目标，不努力一定无法实现目标。

影响成功的因素有很多，比如天赋和能力、机遇和资源、个人品质和抗挫折能力等，只有综合考量这些因素并合理利用，才有可能在某领域取得杰出成就。

戴尔·泰勒是一名德高望重的牧师。有一天，他向教会学校的孩子们宣布了一个好消息，就是谁能背出《圣经·马太福音》中第五章到第七章的全部内容，泰勒就邀请他去西雅图的"太空针"高塔餐厅参加聚餐，那是许多孩子做梦都想去的地方。

但是，这个任务太难了，《圣经·马太福音》第五章到第七章有几万字的篇幅，而且不押韵，背诵非常困难。但是有一个11岁的学生，胸有成竹地坐在泰勒的面前，从头到尾、一字不漏、声情并茂地背了下来。

泰勒在惊叹他有惊人记忆力的同时，不禁好奇地问："你是如何背下这么长的文字的呢？"这个孩子不假思索地回答道："我尽力而为。"多年过后，这个孩子成了一家知名软件公司的老板，他就是比尔·盖茨。

过多的努力可能影响效率和创造力，过少的努力则可能导致成果不如人意。所以，在追求成功时，既不要拼命透支，也不可努力过少，在努力和放松之间找到平衡。

成长课堂

* 发现自己的优势和兴趣，发现自己擅长的领域，培养和发展它们。
* 尊重自己，认识自己的价值，不过度透支身心，关注自己的健康和幸福。
* 成长是一个美好的过程，珍惜每一天，努力做好每一件事情，让自己变得更好。

前调兴奋，中调疼痛，后调回甘

小朋友，你如何看待成长这件事？成长是一个前调兴奋、中调疼痛、后调回甘的生命历程。

当你呱呱坠地来到这个世界上，睁着好奇的眼睛看这个世界时，你感受到的是初生的兴奋。当你开始慢慢长大，需要应对成长中的种种烦恼时，你会感受到成长的疼痛。再后来，当你考上大学，开始追寻自己的理想和生活时，你会感受到来自事业的成就感、实现理想的荣耀感、美好家庭的幸福感。你会看到生活的多面。

成长就是一个先兴奋后疼痛再回甘的曲折过程。因为曲折，才更加令人神往。

成长是一个充满未知的过程，也是一个品尝人生百味的过程。我们需要在其中感受快乐，而不仅仅是关注结果。当然，成长中不只有快乐和兴奋，还有痛苦和回甘，就像喝咖啡一样，有前调、中调和后调，是富有层次的多种味道。

　　成长的快乐来自发现了自己的成长。学习上取得进步、比赛中战胜对手，你会由衷地欣赏自己，这种积极的心态会带给你持久的快乐。成长的快乐还来自与他人的交往合作。你认识了很多新朋友，你们一起为某个目标努力，在这个过程中你们会结下深厚的友谊，享受大家在一起的快乐。

　　在成长中，你可能会对各种学科和领域产生浓厚兴趣，可能会迷恋文学、科学、音乐等，表现出对知识的渴求，就像喝咖啡的前调，新鲜而令人兴奋。

　　小鱼的爸爸是个知名书法家，小鱼从小就跟爸爸学习书法。一开始，小鱼很兴奋，每天都要写上几张字，但是时间久了，她渐渐感觉写字很枯燥，有了抵触心理。每次写字，她都感觉很有压力，所以写出来

成长的滋味，前调兴奋，中调疼痛，后调回甘。

你是如何把字写这么漂亮的？

先是好奇想学，后是感觉到练字太苦了，但是不甘心放弃，后来看到自己的作品被夸奖，感觉很开心，就一直坚持练！

的字很敷衍，她为此很郁闷。

爸爸看出了小鱼的郁闷，他把小鱼带到了一片竹林中，让她看刚冒头的春笋，告诉她经过一个冬天的雪藏，春笋才有破土之日，将来它们还会长成参天的竹子。正如这些春笋一样，做任何事都需要付出持久的刻苦努力。

第二天，小鱼准备练字时，想起爸爸的话，开始努力让自己静下心来，把心思专注在一笔一画上。果然，她写的字好多了。其实成长的快乐，在于看到自己的成长和进步，这会让你对生活更加热爱，对自己更加自信。

伴随着长大，你可能会面临各种挑战和困难，会感觉到压力，甚至想逃离，但是你必须面对困难，克服障碍。在这个过程中，你才会获得真正的成长，这就是成长的代价。就像喝咖啡的中调，多少会有点苦涩。

小韦妈妈带小韦参加了某所中学的兴趣班。几周学习下来，小韦渐渐喜欢上了这所中学，并暗暗地定下目标，小升初就要报这所中学。每个周末，小韦都会来这所中学上兴趣班，每次上完课都会认真预习、复习，所以他在期中、期末考试中，都取得了不错的成绩。

小韦还参加了钢琴、围棋、国画等其他兴趣班，一方面是喜欢，另一方面也是为进入这所中学做准备。最终，他被心仪已久的中学录取了，在拿到录取通知书的那一刻，他感慨道："台上一分钟，台下十年功。"为这一天，他真的付出了很多努力，此刻喜悦的心情，正是努力成长的馈赠。

所以，成长的后调是回甘，在经历过充满困难挑战的过程后，你会感觉自己长大了很多，能力增长了很多，有一种满足感和喜悦感。你所有的开心、快乐和满足，并不是因为结果本身，而是因为过程当中你所付出的努力带来了回报。

成长课堂

*学会通过积极沟通去解决人际关系问题，与他人建立深厚的友谊。

*试着通过自我探索了解自己，通过追求自己的热爱，实现自己的梦想。这些都会让你更加喜欢自己，也会从中感觉到满足和幸福。

在沉默中积攒力量

> 小朋友，你如何看待沉默？所谓沉默并不是一味地不说话，而是一种沉着冷静的状态。这里的沉默是一种智慧，是一种含蓄，更是一种力量。
>
> 沉默就像爆发前地下的岩浆，就像寒冬里萌生的新绿。它是一种虚怀若谷的宽容，是一种海纳百川的博大，还是一种高深莫测的境界，看起来波澜不惊，却让人难觅深浅。
>
> 聊天时沉默一会儿，别人会更关注你的话；讲演时沉默，语言更有震慑力；学习时沉默，更容易一鸣惊人。每个人都应该学会在沉默中反省，在沉默中坚强，在沉默中撞击出新的火花，在沉默中寻找新的起点，确立新的目标。

在嘈杂的世界中，沉默往往隐藏着无穷的能量。沉默并非只是一种无声无息的状态，而是一种内心深处的强大力量。火山经过长时间沉寂之后会爆发，蚕茧经过一晚沉寂蜕变为飞蛾，在沉默中拼搏努力，学习会一朝榜上留名，这都是在沉默里积蓄能量。

莫言 57 岁时获得了诺贝尔文学奖，成为第一个获得诺贝尔文学奖的中国籍作家。而这一年距离他开始写作，已经过去了三十几年。获奖之后，很多人希望莫言赶快再出新作品，但是他不急不躁，忘掉繁华浮躁，闭关潜心创作，几年后才推出《晚熟的人》这部优秀作品。

莫言用自己的故事，展示了沉默的力量。表面上沉默，表层之下却是加速的沸腾和蜕变，沉默是为了爆发那一刻的绚丽，好的文学作品一定需要漫长的沉寂来积蓄力量。

这世界上没有一蹴而就的成功，没有一步登天的云梯。只有保持沉默才有机会倾听他人的声音，获得更多的信息，从而做出更加明智的决策。

当我们遇到挫折或困难时，保持沉默可以让你有时间思考，帮助

沉默，往往在积蓄着惊人的力量。

恭喜小迪成为这次数学考试的第一名。

他已经默默努力了好几个月了！

你更好地掌控自己的情绪，不被外界干扰，从而找到解决问题的有效途径。

在《韩非子·喻老》中，记载有楚庄王韬光养晦、一鸣惊人的故事。楚庄王是春秋五霸之一，却在早年曾经3年不理朝政。当年楚庄王继位时不足20岁，外有晋国等的欺压，内有权臣造反，面对内忧外患，楚庄王明白必须冷静观察、韬光养晦，他对外宣布因被绑架需要静养，还在宫门口挂上了"敢进谏者，杀无赦"的牌子。整整3年，楚庄王只是玩乐，没有发过一条命令，也没有处理过一件政务。

右司马伍举着急了，向楚庄王献谜语进谏，他说："有一只五彩斑斓的大鸟，停在宫殿南方的高山上，3年了，它也不曾展开翅膀，也不飞翔不鸣叫，这鸟叫什么名字呢？"楚庄王知道伍举这是在说自己。便说："这只鸟3年不飞，一飞必冲天；不鸣则已，一鸣必惊人。"

3年不理朝政的楚庄王，对施政得失了如指掌，对大臣的忠奸贤愚看得清清楚楚，对国家发展有全局的规划，他是在沉默中积淀力量，谋定而后动。后来，楚庄王带领楚国开疆拓域三千里，成为春秋五霸之一。

有时沉默比任何言语都更有震撼力。当你和同学朋友发生矛盾时，沉默可以避免矛盾升级。当你在学习中沉默时，常常可以积蓄力量，在考试时取得优异成绩。当你在与同伴的协作中适时保持沉默时，可以给予他人表达的机会，更好地与他人合作。

从小学到初二，小强的学习成绩一直名列前茅，他是同学心目中的优秀学生，每次考试都稳坐第一名，从未被其他人超越。可能是太缺少危机感了。初三上学期时，他开始有点儿懈怠了，在一次月考当中，他直接掉到了班级十名以后。

　　这一次，他似乎受到了沉重的打击，变得沉默寡言。但是他并没有被这次的打击击倒。他上课认真听讲，课间埋头学习。短短一个月后的月考，他的成绩竟然再次回到了第一名。沉默的一个月，他是在积蓄力量，从中反思不足、总结经验、提升能力，让自己变得更加强大。

　　大海每沉默一阵，就会将惊涛骇浪推向地平线。沉默的力量有时胜过千言万语。学会沉默，可以让你在坎坷和默默无闻中分辨是非、坚定信念，并走向成功。

 成长课堂

＊参与辩论时，试着提出挑战性问题后沉默，可以让对方更深入地思考你的观点。

＊在成长过程中，学会使用沉默积攒力量，往往可以迎来逆风翻盘的机会。

嘘！别只是看起来很努力

导语

　　小朋友，你身边有没有这样的朋友，他们看起来学习非常努力，老师每次都夸他们踏实认真，但是他们的成绩却很平常。大考前夕，他们也会挑灯夜战，但是结果却并不理想。

　　他们把努力当成一种习惯，总是看起来很努力，但是学习时却做不到专注，经常心猿意马，做着这个想着那个。这种"努力"的状态，会让自己看起来很努力，但在记忆力和注意力等方面做得并不好。

　　这种状态让你自我感觉良好，结果却事倍功半，这并不利于成长。所以，千万不要只是看上去很努力！

　　有这样一类人，每天花费大量时间学习，但是成绩却平平，没有什么突出的表现。老师很疑惑，父母很着急，因为他们看起来真的很努力。

　　你是否也有过这样的状态：只是看上去很努力，行动上很积极，头脑上却很懒惰；学习没有明确、量化的目标，也不懂得集中关键目标；

缺少计划力，即使做了计划，也只是粗列一些行动计划，根本不关注目的和收获；在按照计划执行学习任务时，还经常说到做不到。做的事和计划做的事完全不一样，导致关键事件没有做，还陷入了烦琐中。

学习时只是一味地努力做，却没有及时地评估和优化，也不懂得向周围人借力和学习，总是间歇式阶段性的努力，自然没办法有好结果。

莉莉学习特别刻苦，几乎每天都要学到晚上十一二点，但她的成绩始终不上不下，没什么起色，甚至有时成绩还不如那些不如她努力的同学。莉莉经常被同学们反超，她为此非常苦闷，还找过班主任朱老师寻求解决方案。

经过一段时间的观察，朱老师发现班里有好几个像莉莉这样的孩子，明明付出的比别人多，并没有得到相应的回报。他们的勤奋往往流于形式，经常自我陶醉于"我在进步"的表面现象中，反而忽略了做那些真正有助于提高学习效率的事。这种表面上的勤奋，自然得不到需要真正努力才能得到的成果。

朱老师告诉莉莉，努力需要明确目标，并制订可行的计划来实现目标。目标应该具体、可衡量、有挑战性；计划应该包括明确的步骤和时间表。比如"计划今天做两张卷子"，不如改成"今天 9：00~11：00 做两张卷子并梳理卷子所涉及知识点，不熟悉的重点练习"。莉莉按照朱老师的建议重新调整了自己的学习方式，她发现学习效率提升了，成绩也开始缓慢上升了。

小优希望自己能说一口流利的英语，所以每天很努力地学习英语，还找英语老师给她推荐英文电影和英文书。她每次看完这些英文电影或

者英文书，都会有意或无意地跟身边的朋友提起，还会发朋友圈，下面会有很多同学点赞。

所有的老师都觉得她很努力，但是她的英语成绩却并没有什么起色，其他科目的成绩也都一般。给人感觉她的所有努力都是给别人看的，只是形式上的"打卡"。

有一次英语老师问她，读完这些书或看完这些电影，都记住了什么。她却说时间久了，好像都忘了。

有的人就是这样，好像每天都在认真学习，看起来那么早去上学，却只是在课堂上补了个觉；看起来在图书馆坐了一天，却真的只是坐了一天而已。可能也会记非常详细的笔记，但是考试成绩却并不理想，因为并没有走心。

那么，什么是真正的努力呢?

真正的努力需要集中注意力。当你学习时，将注意力集中在当前的任务上，避免分散注意力和干扰。

真正的努力依赖于科学的学习方法和策略，包括学习如何组织和管理信息，如何记忆和理解概念，如何解决问题和进行复习。了解并运用适合自己的学习方法，才可以大大提高学习效果。

真正的努力需要持续地自我反省和改进，定期评估自己的学习方法，及时调整学习计划。总之，你的努力得是真的努力，而不只是看起来很努力。

成长课堂

* 有效的努力包括主动参与和积极互动，积极参与课堂讨论和提问，以及与同学互助学习等。

* 真正的努力需要有效的时间管理，设定事项的优先级，集中精力在重要的任务上，设定时间段进行集中学习，避免拖延和浪费时间。

长得慢的树，更能成材

导语

　　小朋友，你有没有过这样的想法：希望自己快快长大，长大了，就能做很多大人才能做的事情；希望考试前一两天，能把所有的知识都学会；希望花一点时间就能把全部作业都写完，然后自由自在地做喜欢的事情。

　　其实，做任何事情都需要一个过程，想让它快一点或者慢一点都不行。从蚕卵到飞蛾，必须经历50多天的蜕变；从小树苗到参天大树，必须经历十几年的风雨；从呱呱坠地的婴儿到栋梁之材，则需要更长的时间。

　　"十年树木，百年树人"，其实就是这个道理，一定要遵循事物的发展规律，不急不躁慢慢来。

　　在当今时代，人们都在追求速度，你是不是也常常期望快速做成一件事。然而真正的成功都需要时间，就像那些小树苗，只有慢慢生长，才能长成粗壮的参天大树。

　　急于求成只会导致过早失败，所以要学会甘于寂寞，努力沉淀、积累，将来自然能慢慢成材。

从小树苗长成参天大树，快的需要三五年，慢的需要十几年。尔威兹加树 100 年才长高 30 厘米，毛竹长一天的高度，却需要尔威兹加树长上 333 年。尔威兹加树虽然长得极慢，但是其外观却极有观赏价值，整个树冠漂亮得就像一张小圆桌，所开的花百日不败，凋谢之后也并不枯死，而是休眠到来年继续绽放。所以，长得慢的树自有它独特的价值。

作为新时代的少年，在成长和发展中，也需要打下坚实的基础，以确保你的发展更加稳定和持久。你需要适应环境中的变化和挑战，通过慢慢成长来培养强大的适应能力和解决问题的能力。

成长需要时间和努力，无论是人还是树，都要按照自然规律慢慢发展。把精力集中在扎根和吸收养分上，确保根系的稳固和健康，才能够应对外界环境的挑战。不急于跳过任何一个阶段，而是全身心专注于每

每棵树有自己的成长节奏，长得慢的树，有时更能够成材。

我一天长100厘米，你一天才长 0.3 厘米。

个阶段的发展，不断学习、成长和适应变化。面对风雨、寒冷或干旱等不利条件时，能够采取相应的策略，保护自己继续生长。

慢慢来，更能够打下坚实的基础。在学习上，慢慢来让你有更多的时间消化所学知识，积累更多经验和技能，让你有更多纠正错误和改进的机会。

很多学生会特别在意每一次的考试成绩。其实学习并不是人生的全部。从开始上学到成材，是一个较长的过程，这个过程有人快、有人慢，不必着急，有时慢的那个人反倒走得更远，就像长得慢的树，结出的果实往往更香甜。

一时的优秀是短暂的，只能带来短期的满足感；而追求一生的优秀，才能帮助你更好地取得成就。小树苗最终长成参天大树，它的成功不在于最终的成熟，而在于整个成长过程中所展现的坚持、耐心和不懈努力。

在追求目标的过程中同样如此。慢慢来，长得慢的树木有时更能成大材。

成长课堂

* 不用太在意一次考试的成绩。因为一次考试只能检测一部分学习情况，并不能代表全部，更不能代表学业的最终结果。过于在意一时的得失，就是捡了芝麻丢了西瓜。

* 要保持持久的学习热情，不断探求新知识、新技能，以积极的心态对待挫折和失败。不满足于短暂的成功，而是以长远的眼光看待成长和进步。